清賞叢書

# 印典

〔清〕朱象賢 撰

上册

廣陵書社

中國·揚州


**圖書在版編目（CIP）數據**

印典 / （清）朱象賢撰. -- 揚州 : 廣陵書社, 2023.6

（清賞叢書）

ISBN 978-7-5554-2106-1

Ⅰ. ①印… Ⅱ. ①朱… Ⅲ. ①漢字－印譜－中國－古代 Ⅳ. ①J292.42

中國國家版本館CIP數據核字(2023)第116401號

ISBN 978-7-5554-2106-1

印典

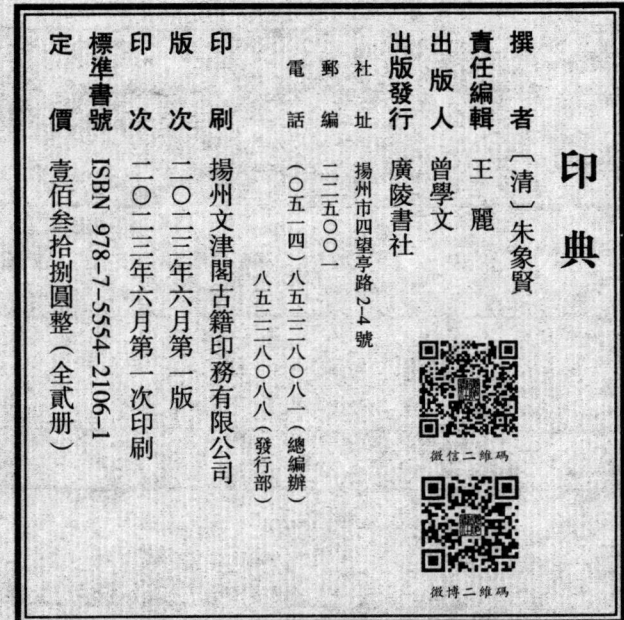

撰　　者　〔清〕朱象賢
責任編輯　王　麗
出 版 人　曾學文
出版發行　廣陵書社
社　　址　揚州市四望亭路2-4號
郵　　編　二二五〇〇一
電　　話　（〇五一四）八五二二八〇八一（總編辦）
　　　　　八五二二八〇八八（發行部）
印　　刷　揚州文津閣古籍印務有限公司
版　　次　二〇二三年六月第一版
印　　次　二〇二三年六月第一次印刷
標準書號　ISBN 978-7-5554-2106-1
定　　價　壹佰叁拾捌圓整（全貳册）

微信二維碼

微博二維碼

http://www.yzglpub.com　E-mail:yzglss@163.com

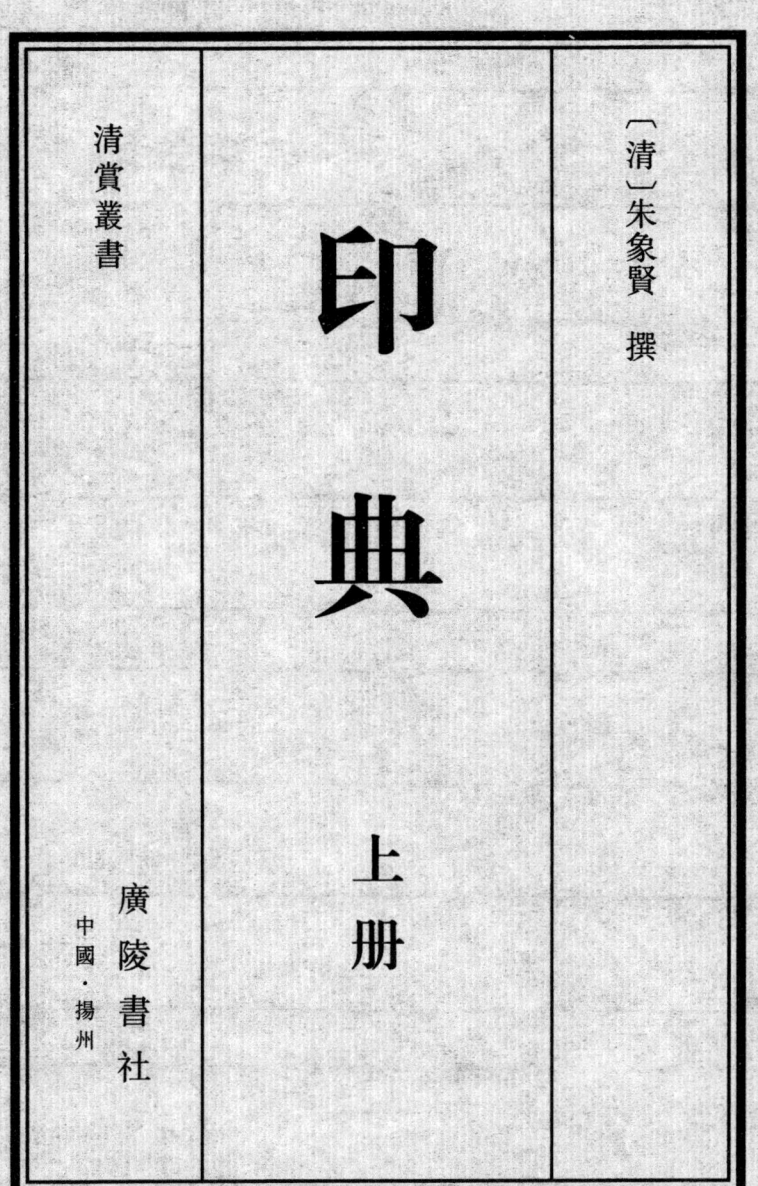

# 清賞叢書序

現代生活多姿多彩，而閱讀是一場永恒的心靈之旅；傳統文化包羅萬象，而經典是一泓不朽的精神源泉。傳統經典中既有莊重典雅的經史著作，也有溫柔敦厚的詩詞文集，還有許多別具風格的藝術小品，如涓涓清泉，汩汩流淌，清新雅致，妙趣橫生，賞讀品玩，回味無窮。于是我們彙集此類典籍，編爲《清賞叢書》，希望打造一套與《文華叢書》相得益彰的經典叢書，讓喜好傳統文化的讀者，享受古典之美，欣賞風雅之樂。

清新脱俗，是謂清；賞心悦目，是謂賞。這套《清賞叢書》的宗旨，就是擷取古人所稱清玩之物、清雅之言，以藝術賞鑒和生活消閑類作品爲主，内容包括品鑒、養生、園藝、書畫、飲食等。仍採用宣紙綫裝的形式，經典内容與傳統形式珠聯璧合，古樸雅致，韵味無窮。

『林泉到處資清賞，翰墨隨緣結古歡。』一册在手，可品紅塵之閑趣，發思古之幽情。恍若置身古人的心靈家園，領悟經年纍月積澱的人生智慧，如品佳釀，如沐春風，喜悦自心而生，感悟隨時而長。

廣陵書社編輯部

二〇一八年七月

# 出版説明

《印典》，八卷，清朱象賢撰。象賢（生卒年不詳），字行先，號清溪，清康熙、雍正年間長洲清溪（今屬江蘇蘇州）人。曾受業于楊賓、沈德潛，與鈕讓、白長庚等相友善。著有《聞見偶録》《印典》等。鈕讓稱其『幼而好學，直溯淵源。其爲人也，端静而達，明哲而文……故以才猷見重于當世。于古無所不嗜，而更好金玉印章』。

象賢以行世印譜著作，多排列篆文、鈕式之體，少制度、品評、紀述之作，因作是編。《印典》一書，搜羅宏富，編排合理，八卷十二門之架構，舉凡印史异聞，制度器用，故事詩文，皆有涉獵，堪稱印林經典名著。是書共八卷，分爲原始、制度、賚予、流傳、故事、綜紀、集説、雜録、評論、鐫製、器用、詩文等十二門。卷首載朱象賢自序，卷末附白長庚跋。



《印典》一書堪稱一部大型的關于印璽制度、源流、典故、評鑒等的類書，它有着類書最顯著的特徵，即窮搜博採，徵引宏富。其徵引書目涉及經史子集各類，主要來源是史書、類書、政書、筆記，旁及經書、子書、小説、别集、書論、印論等。更可貴的是，它搜羅到了一些當時的『秘本』，《四庫全書總目》稱『所引宋王基《梅菴雜記》《蝸廬筆記》、葉氏《游藝雜述》、元宋无《考古紀略》四書，皆得之檇李曹氏鈔本，爲諸家所未見』，『採摭既富，亦足以資參考之助』。且古人未有集印事爲書者，姑仿《文房四譜》之例，存之以備一家』。周中孚《鄭堂讀書記》卷四十九稱：『凡有裨于印章者，俱博採廣搜……實前人之所未有，乃文翰家所必須之書也。』所以是書雖然有『所分諸類，亦頗淆雜』『雜採舊文，漫無考辨』之病，但因其採摭之富，對印學史的研究及人們瞭解印章形式、特徵、功能乃至流變，仍具有一定的參考價值。

是書之版本，有康熙六十一年（一七二二）朱之勱刻本、雍正十一年（一七三三）朱氏就閑堂刻本、乾隆間寶硯山房刻本、文淵閣《四庫全書》本。

其中，就閑堂刻本、寶硯山房刻本、文淵閣《四庫全書》本等，皆祖朱之勱刻本，或爲後刻，或爲迻録，流布印林。本次以文淵閣《四庫全書》本點校整理，參校雍正十一年朱氏就閑堂刻本及其他整理本，擇善而從。文淵閣《四庫全書》本總體來説抄録精細、校勘精審，但四庫館臣亦稍作去取增删，今依從原本，以存其貌。

廣陵書社編輯部

二〇二三年六月

# 目録


序……一

**卷一**

**原始**

天王符璽……一
赤帝符璽……一
天王玉璽……一
龜鈕印……一
璽節……一
烏巢玉璽……一
傳國璽……一
印璽檢奸……二

**制度上**

制六璽……二
方寸璽……二
紫泥封璽……二
皇后璽……二
太后璽……三
璽章印……三
印章五字……三
官印五分……三
尚書令印……三
佩雙印……三
薨贈印璽……四
復設璽印……四
鐵印炙符……四
封禪璽……五
女官佩印……五
魏貴人印……五
印以官名……五
官級印質……五
晉太子璽……五
女官章印……五
王璽……六
公車司馬印……六
公侯印……六
太監銀章……六
宋諸官印……六
太子妃璽……六
齊璽印制……六
梁印……七
陳璽章印……七
章印異鈕……八
北齊后璽……八
北周璽印……八
隋璽……八
唐璽印……八
同文印……九
鑄印追兵……九
置諸官印……九
墨印……九
奏准製寶……九
後周二寶……一〇

**卷二**

**制度下**

宋寶制度……一一
制用各寶……一一
皇后寶……一三
太后玉寶……一四
太子金寶……一四
貴妃金印……一四
尊號寶……一四
御書印……一五
諸司銅印……一五
鑄三面印……一五
印式著令……一六
給奉使印……一六
鑄三省貢舉印……一六
遇事借印……一六
鑄樞密印……一六
鑄行在印……一七

# 目錄

會子印……一七
毀假借印……一七
印冠年號……一七
遼金玉寶……一八
皇后、太子寶……一八
臣下印……一八
金鑄各寶……一八
太子寶……一九
給諸司印……一九
元制寶璽……一九
蒙古字印……二〇
位號視印……二〇
明制寶璽……二〇
后妃寶……二一
諸司印信……二一
私印古制……二三

**卷三**

**賚予**

授印説吳……二四
受印約從……二四
賜印擊楚……二四
立王受印……二四
賜令尹印……二四
懷思送印……二四
賜印擊吳……二四
賜璽賜印……二五
賜匈奴璽……二五
賜烏孫印……二五
通經賜印……二五
請賜印綬……二五
改授金璽……二五
印封倭王……二五
賜刺史印……二五
賜學士印……二五
加章就謁……二六
策賜蜜印……二六
卒贈金章……二六
詔假印綬……二六
佩假侯印……二六
賜印糾繩……二六
賜外夷印……二六
曲賜金印……二六
賜皇帝寶……二七
賜諸王等印……二七
賜公主駙馬印……二七
賜諸王印……二七
賜給諸官印……二七
賜玉押印……二八
賜方士印……二八
賜皇后印……二八
賜太子印……二八
賜大臣印記……二八
賜太監印記……二九
賜方士印……二九

**流傳**

奉上遺璽……二九
探井得璽……三〇
鋤園得印……三〇
營廟得璽……三〇
成都玉印……三〇
得印改年……三〇
發冢得印……三〇
璽出漢水……三〇
墾地得璽……三一
刺史奉璽……三一
得璽懷還……三一
淮水得璽……三一
遺送玉璽……三一
石闕得璽……三一
治第得璽……三一
棄璽草間……三一
汾水得璽……三一
龍門得璽……三一
澗中得璽……三一
于闐玉印……三一
槐里獲璽……三一
璽投佛寺……三一

# 印典

目錄



卷二

賚予



流傳

右將軍印……三二
璽鬻之市……三三
巧工司馬印……三三
咸陽得璽……三三
上獻璽寶……三三
朱勝私印……三四
壽亭侯印……三四
校尉印……三四
陰陽字印……三四
上傳國璽……三四
獲宋遼寶……三五
出璽鬻之……三五
金關印……三六
綉衣執法大夫印……三六
倉印……三六
楷字印……三六
劉勝印……三六
周惡夫印……三六
二十字印……三六
得印名子……三七
濬河得印……三七
名同古印……三七
泥印……三七
壽亭侯印……三七
龍神印……三七
謀克印……三八

卷四 故事

置璽再拜……三九
納璽而去……三九
欲地制璽……三九
歸印散財……三九
得丞相璽……三九
鼓琴受印……四〇
解印間行……四〇
歸印讓賢……四〇
印迎不往……四〇
納地效璽……四〇
效璽名卑……四〇
作亂矯璽……四〇
斬守佩印……四〇
藉籌銷印……四〇
封璽降道……四一
予印令反……四一
操印立王……四一
封印而亡……四一
印刓不與……四一
賜印下城……四二
佩印有隙……四二
奪印易置……四二
説將解印……四二
持印弄之……四二
解印辭歸……四二
上天子璽……四二
縮璽不反……四三
私受梁印……四三
令奴作璽……四三
臥受印綬……四三
立茅受印……四三
取璽按劍……四四
就次發璽……四四
持手脱璽……四四
鸞銜天璽……四四
印何纍纍……四四
持印拜將……四四
病不受印……四四
視印列拜……四五
上印亡命……四五
謝不受印……四五
聞濟解印……四五
大行前受印……四五
臨崩付璽……四五
出璽投地……四五
椎破故印……四六
推印不受……四六
賜印皆降……四六

# 印典

目錄

叱召帶印……四六
得印佩之……四七
上印就第……四七
置印固讓……四七
上印乞歸……四七
上書正印……四七
搆陷收印……四七
刻璽鑄印……四七
石有玉璽……四七
得印從諫……四八
得印稱皇……四八
因師獲印……四八
游平賣印……四八
先佩印綬……四八
大會陳印……四八
印污腐屍……四八
以錐畫印……四八
遭難印存……四九
舉璽向肘……四九
以璽抵軒……四九
問璽所在……四九
自以璽付……四九
好金作印……四九
印綬易餅……四九
得印知徵……五〇
相印知辱……五〇
使筮印囊……五〇
改元天璽……五〇
以印封行……五〇
請印假綬……五〇
詐印啟主……五〇
刮印龜背……五一
貂蟬佩璽……五一
掠指奪璽……五一
問璽出奔……五一
求璽叱之……五一
變服受璽……五一
號奉璽君……五一
印龜左顧……五一
鵲飛化印……五二
墮印損鈕……五二
相印知祚……五二
穿井得印……五二
恥服其章……五二
取印繫肘……五三
望風投印……五三
印貴仍舊……五三
臥不解璽……五三
印詎可解……五三
裹石誑印……五三
鑄印六毀……五四
天雨玉璽……五四
刻印驚失……五四
得璽爲氏……五四
私璽霧塞……五四
佩印沸騰……五四
宅成璽至……五四
奉璽來降……五五
印選進御……五五
天帝授寶……五五
青衣授印……五五
徒步挾印……五五
失印不問……五五
捍賊還印……五六
不敢當印……五六
佩四將印……五六
解印而逸……五六
倒印追兵……五六
倒印定軍……五六
竊寶迎唐……五七
携寶自焚……五七
倒印激將……五七
覽印以問……五七
印違詔格……五七
齎印符夢……五八
失印論罪……五八
生讞僞印……五八
道中奪印……五八

先印後書……五八
夢遺六印……五八
易印避禍……五八
臥起懷印……五九
辨印忤旨……五九
投印登第……五九
衣帛印印……五九
斯須取印……五九
夢中吞印……五九
于闐異寶……五九
入省秤印……六〇
官合印文……六〇
除官如印……六〇
朱記代印……六〇
得印兆子……六〇
印召風雨……六一
奪璽不與……六一
磨璽改物……六一
上璽雲祥……六一
女諫買印……六一
塊土銅章……六二
印鎮疫祟……六二
印綬飛起……六二
印綬怒張……六二

**卷五**

**綜紀**

辨物璽之……六三
璽書……六三
六都印……六三
固璽……六三
六國印……六三
五國印……六三
懷金印……六三
璽之于塗……六三
金印葬……六四
負璽……六四
金剛靈璽……六四
棄印不從……六四
無功奪印……六四
黃金印……六四
懷銀黃……六四
得印一匱……六四
受璽旁午……六四
收印千八……六四
掠印簿入……六五
印之以璽……六五
牧守印……六五
五寸印……六五
五色印……六五
半章印……六五
十腰銀艾……六五
發冢取璽……六五
六印磊落……六五
佩漢印……六六
上印歸邸……六六
身逃亡印……六六
金銀印……六六
遺印不用……六六
呼弟佩印……六六
姬佩后璽……六六
鴨頭雜印……六六
拜陵負璽……六六
年號小印……六六
神皇璽……六六
神靈璽……六六
負璽登樓……六七
金不供印……六七
封印附計……六七
賜節鑄印……六七
盛印於囊……六七
八印……六七
用廢官印……六七
試卷用印……六八
分日知印……六八
輪日知印……六八
納三省印……六八

銀青金紫……六八
印綬隨葬……六八
收印……六八
收印改寶……六九
押字用印……六九
厭水灾印……六九
軍旋上印……六九
改御史印……六九
監督關防……六九
金鑄關防……七〇
真人金印……七〇
掌璽……七〇
印曹……七一
監印官……七一

**集説**

釋璽……七一
釋印……七一
璽以玉……七一
璽書章印……七一
印信……七二
龜鈕虎鈕……七二
周正隆平……七二
相印……七二
考古印……七二
漢晋印……七三
唐宋無佳印……七三
詳定印文……七三
識字製印……七三
印章宜小……七三
印稱枚……七三
古印足藏……七四
印不可妄評……七四
一名數印……七四
刻符書……七四
篆可入印……七四
作印從古……七五
圖書記……七五
印藪……七五
琱玉法絶……七五
作印名人……七五
文氏印……七六
鈿閣女子……七六

**雜録**

璽中有字……七六
蛟龍文印……七六
種龍印……七六
鹿形啗印……七六
胡字印……七六
飛白字印……七七
象形文印……七七
製陶印……七七
押字小璽……七七
書畫印……七七
天生印文……七七
馬印……七七
佩印制虎……七七
白章印……七八
棗心印……七八
桃根印……七八
印封其户……七八
朱宫印……七八
三庭印……七八
膝上有印……七八
夢印……七八
印魚……七八
腰間有印……七九
符璽駢字……七九
印章駢字……七九

**卷六**

**評論**

印品……八一
三代印……八一
秦印……八一
漢印……八一
魏晋印……八一
六朝印……八二
唐印……八二

集説



雜錄



卷八

辨論

宋印……八二
元印……八二
明印……八二
玉印……八二
金印……八二
銀印……八二
銅印……八三
象牙印……八三
犀角印……八三
寶石印……八三
瑪瑙印……八三
水晶印……八三
石印……八三
磁印……八三
官印……八三
名印……八四
臣印……八四
之字印……八四
表字印……八五
地名小字印……八五
道號印……八五
堂室齋閣印……八五
書柬印……八五
詩句印……八六
成語印……八六
引首印……八六
龍虎……八六
白文印……八六
朱文印……八七
朱白相間印……八七
回文印……八七
三字印……八七
四字印……八八
五字印……八八
鑄印……八八
刻印……八八
鑿印……八八
急就章……八八
碾印……八八
印式……八九
印鈕……八九

**鐫製**

摹印法……八九
作印法……八九
摹印篆……九〇
章法……九〇
增減……九〇
那移……九一
學古……九一
章法……九一
結構……九一
滿……九一
縱橫……九一
蒼……九一
光……九一
沉著……九二
停勻……九二
靈動……九二
寫意……九二
天趣……九二
雅……九二
刀法……九二
刻玉印法……九三
鑄印法……九三
附印印法……九三
拭印……九四

**卷七**

**器用**

綬……九五
諸綬制度……九五
宮女玄綬……九六
乘輿綬……九六
丙丁文綬……九六
青羽……九六
印系……九六
華綬……九六
五色綬……九六

靈飛綬……九六
佩兩綬……九六
解綬以賜……九七
帶三綬……九七
青緺……九七
紫艾綬……九七
寸印丈綬……九七
花綬……九七
蕭朱結綬……九七
金龜紫紱……九七
以綬絞……九八
綸組緌綬……九八
白綬……九八
朱組青紱……九八
朱紱……九八
綠綟綬……九八
齊綬制……九八
著綬……九九
陳綬制度……九九
後周組綬……九九
隋綬制度……九九
有綬有紱……一〇〇
宋制綬……一〇〇
法官綬……一〇〇
玉環綬……一〇〇
虎頭綬……一〇〇
明綬制并寶池寶匣……一〇一
私印綬……一〇一
鼠咋紫綬……一〇一
吐綬雞……一〇一
璽室……一〇二
蘭金之泥……一〇二
寶盝……一〇二
印衣……一〇二
印囊……一〇二
印套……一〇二
印笥……一〇二
刀……一〇三
鑿……一〇三
床……一〇三
金銀……一〇三
銅……一〇三
石……一〇三
牙……一〇四
蠟……一〇四
泥……一〇四
印色……一〇四
黑印色……一〇四
印油……一〇五
艾……一〇五
印池……一〇五
綬笥……一〇五
鞶囊……一〇五


卷八

詩


長樂未央玉璽歌……一〇六
秦璽歌……一〇六
秦皇玉璽行……一〇六
武后玉璽歌……一〇六
老姑投國璽……一〇七
王氏后……一〇七
獻穆后……一〇七
宋侍中……一〇七
鄭夫人……一〇七
衛將軍玉印歌……一〇七
吳郡陸友仁得白玉方印其文曰衛青臨川王順伯定爲漢物求賦此詩……一〇八
衛將軍歌……一〇八
題姑蘇陸友仁藏衛青玉印……一〇八
司馬相如玉印歌……一〇八
購得古銅印歌……一〇九

古銅章歌……一〇九
金石歌送友赴試……一〇九
陸子友仁得古銅印文曰陸定之印以名其子而字之曰仲安友仁既没仲安就予求賦作此贈之……一一〇
詠古印……一一〇
決道弟得小金印以詩贈之……一一〇
古印……一一〇
獲玉印……一一〇
古銅印……一一〇
題印囊……一一〇
和陸魯望印囊……一一一
壽山印石歌……一一一
印泥歌贈沈子……一一一
（附）虎符歌……一一一

**銘**

印銘　傅玄……一一一
印銘　李尤……一一一
印銘　怡軒公……一一二
印銘　朱象賢……一一二
印衣銘……一一三
印斗銘……一一三
龍文印笥銘……一一三
綬笥銘……一一三

**箴**

符璽令箴……一一三

**賦**

印賦……一一三
受命寶賦……一一四
咸陽獲寶符賦……一一五

**頌**

青宮受寶頌……一一五

**譜**

傳國璽譜……一一六
玉璽譜……一一八

**疏**

天啟甲子九月臨漳民邢一泰於漳河西畔得玉璽奏疏……一一九

**表**

賀上傳國寶表……一一九
代任參賀玉璽表……一二〇

**牋**

代崔彧進傳國璽牋……一二〇

**論**

秦璽論……一二四
傳國璽論……一二四

**記**

玉璽傳授本末記……一二六

**序**

吳氏印譜序……一二六
楊氏集古印譜序……一二六
印藪序……一二七

**啟**

請周翼微刻印啟……一二七

**考**

玉璽考……一二八

**跋**

……一三〇

# 序

古人銘物紀事，往往託之金石。是以鼎匜碑碣之屬，博古家皆視同景星卿雲，而寶愛之。若官私印章與鼎匜碑碣，同出古人之手，好篆刻者偶或留心一二，其餘俱置不講，何歟？予家貧識陋，不能一見湯盤孔鼎，而秦漢印章猶有流傳，得窺其妙，故每涉獵群書，採録類聚，編成八卷，名曰《印典》。好古君子欲知古印淵源，不外乎此矣。若夫嫵媚纖巧，古無是體，或非大家所尚，予則不暇及也。清溪朱象賢識於大梁使院之含翠亭。

# 卷一

## 原始

古印良可重矣，可以考前朝之官制，窺古字之精微，豈如珍奇玩好而涉喪志之譏哉！但去古久遠，幾昧從來，若不粤稽往昔，誰復知其根本？首録《原始》，以著肇端。

### 天王符璽

《春秋運斗樞》：黄帝時，黄龍負圖，中有璽章，文曰『天王符璽』。

### 赤帝符璽

《春秋合誠圖》：堯坐舟中，與太尉舜臨觀，鳳皇負圖授堯。圖以赤玉爲匣，長三尺八寸，厚三寸，黄玉檢，白玉繩，封兩端，其章曰『天赤帝符璽』。

### 天王玉璽

《春秋運斗樞》：黄龍五采，負圖而出舜前，白玉檢，黄金押，黄金繩芝爲封泥兩端，有文曰『天王有玉璽』五字，博袤三寸。

### 龜頷印

王子年《拾遺記》：禹治水，黄龍曳尾於前，元龜負青泥於後。龜頷下有印，文皆古文，作『九州山水』之字。禹所穿鑿之處，皆使青泥封記其所使，元龜印其上，後世印章皆肇此也。

### 璽節

《周禮·掌節》：貨賄用璽節。注：璽節，如今之印章。

### 烏巢玉璽

《拾遺記》：武王滅紂，樵夫牧豎探烏巢，得赤玉璽，文曰『水德方滅，火祚方盛』，字皆大篆。

### 傳國璽

《録異記》：歲星之精，墜於荆山，化而爲玉，側而視之色碧，正而視之色白。卞和得之，獻楚王。後，入趙，獻秦始皇。一統，琢爲『受命璽』，李

斯小篆其文，歷世傳之，爲『傳國璽』。

### 印璽檢奸

《後漢・祭祀志》：自五帝，始有書契。至三王，俗化彫文，詐僞漸興，始有印璽，以檢奸萌。

## 制度上

今之沿襲，始自古人。不師先世成規，焉證後人之失？然而時代推遷，變更不一，是非詳考，鮮知取法也。茲集歷代，分別尊卑、質式，彙輯《制度》二卷，少備考據。

### 制六璽

馬端臨云：秦以印稱璽，以玉，不通臣下，用制乘輿六璽，曰『皇帝行璽』『皇帝之璽』『皇帝信璽』『天子行璽』『天子之璽』『天子信璽』。又，始皇得藍田白玉爲璽，螭虎鈕，文曰『受天之命，皇帝壽昌』。



### 方寸璽

《漢舊儀》：秦已前民，皆以金、銀、銅、犀、象爲方寸璽，各服所好。漢（一作秦。）以來，天子獨稱『璽』，又以玉，群臣莫敢用也。

### 紫泥封璽

《漢書》：璽皆玉螭虎鈕，凡六，其文亦殊，曰『皇帝行璽』『皇帝之璽』『皇帝信璽』『天子行璽』『天子之璽』『天子信璽』，外有大藍田玉璽，曰『受天之命，皇帝壽昌』。皆以武都紫泥封之，盛以青囊白素裏，兩端無縫，尺一櫝中約署。《舊儀》云：皇帝綬，黃地赤采，不佩璽。璽以金銀縢組，侍中組負以從。

### 皇后璽

《漢書》：皇后璽，文曰『皇后之璽』，金，螭虎鈕。《舊儀》云：皇后、婕妤乘輦，餘皆以茵，四人輿以行。皇后玉璽，文與帝同。

後漢靈帝，册宋貴人爲后。御章德殿，太尉襄使持節奉璽紱，宗正讀册

畢，后拜稱臣任位。太尉授璽紱，中常侍、長秋、太僕、高鄉侯覽，長跪受璽紱，奏於殿前。女使授婕妤，長跪受，以授昭儀，受，長跪以帶后。后秩比國王，即位威儀，赤紱玉璽也。又，蔡邕《獨斷》云：皇后赤綬玉璽，貴人緺音戈。綟金印。按，緺綟，色似緑，綬文也。

### 太后璽

《輿服志》：太皇太后、皇太后及妃璽，皆以金爲之，藏而不用。太后封令書，以宮官印；皇后以内侍省印；皇太子以左春坊印；妃以内坊印。《文獻通考》：皇太子黄金印，龜鈕，文曰『章』。

### 璽章印

《漢官儀》：諸侯王黄金璽，橐駝鈕，文曰『璽』。列侯黄金印，龜鈕，文曰『某侯之章』。丞相、高帝十一年更名相國。太尉，與三公、前後左右將軍，黄金印，龜鈕，文曰『章』，中二千石，銀印，龜鈕，文曰『章』。千石、六百石、四百至二百石以上，皆銅印，鼻鈕，文曰『印』。《文獻通考》：御史大夫，



銀印，青綬。凡吏秩比二千石以上，皆銀印，青綬；光禄大夫無。秩比六百石以上，皆銅印，墨綬；大夫、博士、御史、謁者、郎無。秩僕射、御史治書尚符璽者，有印綬。比二百石以上，皆銅印，黄綬。

### 印章五字

《文獻通考》：漢武帝太初元年，改正朔，數用五。《紀》注：印文若丞相曰『丞相之印章』。諸卿及守相印文不足五字者，以『之』字足之。

### 官印五分

《漢官儀》：卿，秩中二千石。孝武皇帝元狩二年，令通官印，方寸大小，官印五分。王、公、侯金，二千石銀印，龜鈕。

### 尚書令印

《漢官儀》：尚書令，秦官也。漢初并用士人。銅印，墨綬，秩二千石。

### 佩雙印

《後漢·輿服志》：佩雙印，乘輿、諸侯王、公、列侯以白玉，中二千石至

四百石皆以黑犀，二百石以至私學弟子皆以象牙。上合絲，乘輿以縢貫白珠，赤罽蕤，諸侯王以下以綔赤絲蕤，縢綔各如其印質。或云：雙印，一樣也，佩之以自戒也。予考《漢書》，載雙印，刻書曰：『正月剛卯既央，靈殳四方，青赤白黄，四色是當。帝令祝融，以教夔龍，庶疫剛癉，莫我敢當。』又曰：『疾日嚴卯，帝令夔化，慎爾周伏，伏兹靈殳。既正既直，既觚既方，庶疫剛癉，莫我敢當。』共六十六字。則雙印即剛卯，而非印用之印章也。

**薨贈印璽**

《後漢·禮儀志》：諸侯王、列侯薨，皆令贈印璽，玉柙，銀鏤；大貴人、長公主，銅鏤。

**復設璽印**

《文獻通考》：建武元年，復設諸侯王，金璽，綟綬。公、侯金印，紫綬。九卿、執金吾、河南尹、大長秋、將作大匠、度遼諸將軍、郡太守、國傅相，校尉、中郎將、[illegible]尉、諸國行相、中尉、内史、中護軍、司直，秩皆二千石，以上皆銀印，青綬。中外官、尚書令、御史中丞、治書侍御史、公將軍長史，中二千石丞、正、平、諸司馬，宫中王家僕、雒陽令，秩皆千石。尚書、中謁者、黄門冗從、四僕射、都郡監、中外諸郡官令、都侯、司農部丞、郡國長吏、丞、侯、司馬、千人、家令、侍、僕，秩皆六百石。雒陽市長、主家長，秩皆四百石。以上皆銅印，墨綬。諸書長、揖櫂丞，秩三百石。諸秩千石者，其丞、尉皆秩四百石；秩六百石者，丞、尉三百石；四百石者，其丞、尉秩二百石。縣國丞、尉亦如之，縣國三百石長，丞、尉亦二百石。明堂、靈臺丞，諸陵校長，秩二百石。丞、尉、校長以上皆銅印，黄綬。縣國守宫令、相，或千石，或六百石；長或四百石，或三百石。長、相皆以銅印，黄綬。而有秩者侍中、中常侍、光禄大夫，秩皆二千石。太中大夫，秩皆比二千石。尚書、諫議大夫、侍御史、博士，皆六百石。議郎、中謁者，秩皆比六百石。小黄門、侍郎、中黄門，秩皆比四百石。郎中，秩皆三百石。太子舍人，秩二百石。《輿服制》通。

**鐵印炙符**

《漢官解詁》：衛尉主宫闕之内，凡居宫中者，皆施籍於掖門，按其姓

名。若有醫巫僦人當入者，本官長吏爲之封啟傳，審其印信，然後內之。人未定，又有籍，皆復有符。以當所屬官兩字爲鐵印。亦太卿炙符，當出入者，按籍畢，復齒符，識其物色，乃引內之也。

### 封禪璽

《祭祀志》：檢用金縷五周，以水銀和金以爲泥。玉璽一方寸二分，一枚方五分。

### 女官佩印

王莽簒位後，徵天下淑女。杜陵氏女爲皇后，成同牢禮於西堂。備和、嬪、美、御。其和人三，位視公；嬪人九，視卿；美人二十七，視大夫；御人八十一，視元士。凡百二十人，皆佩印紱，執弓韣。音讀。

### 魏貴人印

《魏志》：武帝《內誡令》曰：宮人位爲貴人，金印，藍韍。女人爵位之極。



### 印以官名

魏武《設官令》：魏諸官印，各以官爲名印，如漢法斷，二千石者『章』。

### 官級印質

杜氏《通典》：魏黃初三年，初制：封王之庶子爲卿公，嗣王庶子爲鄉侯，公之庶子爲亭伯。其後定制：凡國王、公、侯、伯、子、男六等，次縣，次鄉，次亭侯，次關內侯。又置名號侯爵十八級，關中侯爵十七級，皆金印，紫綬；關外侯爵十六級，銅印，龜鈕，墨綬；五大夫十五級，銅印，環鈕，亦墨綬。自關內侯皆不食租，虛封爵自魏始。

### 晉太子璽

《文獻通考》：晉皇太子，金璽，龜鈕，朱黃綬。四采：赤、黃、縹、紺。

### 女官章印

又，貴人、夫人、貴嬪是爲三夫人，皆金章，紫綬，文曰貴人、夫人、貴嬪之章。淑妃、淑媛、淑儀、修華、修容、修儀、婕妤、容華、充華，是爲九嬪。銀印，青綬。

**王璽**

《晉·百官志》：王，古號也，夏、殷、周稱王，金璽，龜鈕，細纁朱綬。

**公車司馬印**

《晉·百官表》注：公車司馬令一人，周官也。銅印，墨綬，絳服，官品第七。

**公侯印**

《晉·輿服志》：郡公、縣公、縣侯、大夫、夫人，銀印，青綬。

**太監銀章**

晉令有通德殿太監，尚衣、尚食太監，并銀章，艾綬。

**宋諸官印**

《文獻通考》：宋皇太子，金璽，龜鈕，朱綬。諸王，金璽，龜鈕，纁朱綬。郡公，金章，紫綬。太宰、太傅、太保、丞相、司徒、司空，金章，紫綬。相國，緑綟綬。大司馬、大將軍、太尉、凡將軍位從公者，金章，紫綬。郡諸侯，金章，青朱綬。驃騎、車騎以下諸將軍，并金章，紫綬。諸王嗣子，金印，紫綬。郡公侯嗣子，銀印，青綬。尚書令、僕射，中書令、監，秘書監，銅印，墨綬。光禄大夫、太子詹事，左右衛以下諸將軍，監軍，銀章，青綬。諸校尉、中郎將，銀印，青綬。縣、鄉、亭侯，金印，紫綬。鷹揚、伏波以下諸將軍，銀章，青綬。諸都尉、校尉、中尉，銀印，青綬。州、郡史，銅印，墨綬。御史中丞、都水使者，銀印，墨綬。諸軍司馬，銀章，青綬。匈奴、護羌諸校尉，銅印，青綬。尚書、左右丞、秘書丞，銅印，黃綬。其下又有假青綬、假墨綬。

**太子妃璽**

沈約《宋書》：皇太子妃，金璽，龜鈕，纁朱綬。

**齊璽印制**

《文獻通考》：齊，乘輿制六璽，以金爲之，并依秦漢之制。皇太子、諸王，金璽，皆龜鈕，纁朱綬，赤、黃、縹、紺，色亦同。公、侯五等，金章。相國，緑綟綬，三采：緑、紫、紺。郡公，朱。侯、伯，青。子、男，素朱，皆三采。公

嗣子，紫。侯嗣子，青。鄉、亭侯，關中、關内侯，紫綬，皆二采。郡太守、内史，四品、五品將軍，皆銀章，青綬。尚書令、僕射至諸州刺史，皆銅印。尚書令、僕射、中書監、秘書監，皆墨綬。丞，皆黄綬。其乘輿綬，黄、赤、縹、紺四采。

**梁印**

《文獻通考》：梁，乘輿印璽及皇太子、諸王、五等國封，并略，如齊制。鄉、亭、關内、關中及各號侯，諸王嗣子，金印，龜鈕，紫綬。關外侯，銀印，龜鈕，青綬。大司馬、大將軍、太尉、諸位從公者，金章，龜鈕，紫綬。尚書令、僕射、尚書、中書監、令，秘書監，銅印，墨綬。左右光禄大夫，加金章、紫綬，同其位。但加金紫者，謂之『金紫光禄』；但加銀青者，謂之『銀青光禄』。太僕、廷尉以下諸卿，丹陽尹，銀章，龜鈕，青綬。諸將軍，金章，紫綬。中郎將則青綬。郡國太守、相、内史，銀章，龜鈕，青綬。諸縣署令秩千石者，州郡大中正、郡中正，銅印，環鈕，墨綬。公府令、史亦同。諸縣尉，銅印，環鈕，單衣，黄綬。





**陳璽章印**

《文獻通考》：陳永定元年，武帝所定乘輿服御，皆採梁舊制。以天下初定，矜惟節儉。至天嘉中，乃一依梁天監舊事，比齊制。天子六璽，并依舊式。『皇帝行璽』，封常行詔、敕用之。『皇帝之璽』，賜諸王書用之。『皇帝信璽』，下銅獸符，發諸州鎮兵；下竹使符，拜、代召諸刺史用之。并白玉爲之，方一寸二分，螭獸鈕。『天子行璽』，册拜外國則用之。『天子之璽』，賜諸外國書則用之。『天子信璽』，發兵外國、若徵召外國及有事鬼神用之。并黄金爲之，方一寸二分，螭獸鈕。又有『傳國璽』，白玉爲之，方四寸，螭獸鈕；上交蟠螭，隱起鳥篆書，文曰『受天之命，皇帝壽昌』，凡八字，在璽外，唯封禪以封石函。又有『督攝萬機』印一鈕，以木爲之，長尺二寸，廣二寸五分；背上爲鼻鈕，鈕長九寸，厚一寸，廣七寸，腹下隱起篆文『督攝萬機』四字。此印常在内，唯以印籍縫，用則左户部郎中、度支尚書奏取，印訖轉納。皇太子璽，黄金爲之，方一寸，龜鈕，文曰『皇太子璽』。宮中大事用

璽，小事用門下典書坊印。諸侯印綬，二品以上，并金章，紫綬；三品，銀章，青綬。三品以上，凡是五省官及中侍中省官，皆爲印而不爲章也。四品得印者，銀印，青綬。五品、六品得印者，銅印，墨綬。四品以下，凡是開國子、男及五等散品名號侯，皆爲銀章，不爲印也。七品、八品、九品得印者，銅印，黄綬。金、銀章印及銅印，并方一寸，皆龜鈕。四方諸藩國王之章，上藩用金，下藩用銀，并方寸，龜鈕。佐官唯公府長史、尚書二丞，給印綬。六品以下、九品以上，唯當曹爲官長者，給印。餘自非長官，雖位尊，并不給。

**章印異鈕**

陳制：金章爲龜鈕，豹鈕，貔鈕。銀章爲龜鈕，熊鈕，羆鈕，羔鈕，鹿鈕。銀印爲珪鈕，兔鈕。銅印率環鈕。

**北齊后璽**

北齊皇帝納后禮，皇后服大嚴綉衣，帶綬珮，加幜女。長御引出，升畫輪四望車。女侍中負璽陪乘，鹵簿如大駕。

**北周璽印**

《文獻通考》：後周皇帝八璽，有『神璽』，有『傳國璽』，皆寶而不用。皇帝負扆，則置神璽於筵前之右，置傳國璽於筵前之左。其六璽并因舊制，皆白玉爲之，方一寸五分，高一寸，螭獸鈕。三公、諸侯印，皆方寸二分，高八分，龜鈕。七命以上，銀；四命以上，銅，皆龜鈕。三命以上，銅印，鼻鈕，其方皆寸，其高六分，文曰『某公官之印』。

**隋璽**

《文獻通考》：隋『神璽』，寶而不用。『受命璽』，封禪則用之。餘六璽，行用并依舊制。

隋制：皇后有金璽，盤螭鈕，文曰『皇后之璽』。冬正大朝，則并璜琮，各以笥貯，進於座隅。

**唐璽印**

《文獻通考》：唐天子有『傳國璽』及八璽，皆玉爲之。『神璽』以鎮中

國，藏而不用；「受命璽」以封禪禮神；「皇帝行璽」以報王公書；「皇帝之璽」，以勞王公；「皇帝信璽」，以召王公；「天子行璽」，以報四夷書；「天子之璽」，以勞四夷；「天子信璽」，以召兵四夷，皆泥封。大朝會，則符璽郎進「神璽」「受命璽」於御座。行幸，則合八璽爲五轝，函封從於黃鉞之内。初，太宗刻「受命元璽」，以白玉爲，螭首。文曰「皇天景命，有德者昌」。至武后，改諸「璽」皆爲「寶」。中宗即位，復爲「璽」。開元六年，復爲「寶」。天寶初，改「璽書」爲「寶書」，十載，改「傳國寶」爲「承天大寶」。太皇太后、皇太后、皇后、皇太子及妃璽，皆金爲之，藏而不用。太皇太后、皇太后封令書，以宮官印；皇后以内侍省印；皇太子以左春坊印，妃以内坊印。天子巡幸，則京師、東都留守給留守印，諸司從行者，給從行印。

**同文印**

《舊唐書》：玉牒、玉策以受命寶印之，納二玉匱於䃂中，金泥䃂際，以「天下同文」之印封之。



**鑄印追兵**

《唐書》：肅宗在靈武，鑄印追兵，文曰「六合大同之印」。

**置諸官印**

《唐會要》：建中三年，詔中書、門下兩省各置印。長慶三年，鑄御史臺行從印二、出使印二。

唐宗室李説，請爲監軍使王定遠別鑄印，上許之。監軍有印，自定遠始。

《唐文宗紀》：太和五年，敕造諫院印一面，以「諫院之印」爲文。諫院舊無印，各於本司取印，每有疏，人多知之，故敕置印。

**墨印**

《舊唐書》：左藏令掌邦國庫藏之事，天下賦調納庫藏，凡出給，先勘木契。然後録其名數，及請人姓名，署印送監門，乃聽出。若外給者，以墨印印之。

**奏准製寶**

《五代史》：晉天福三年，中書門下奏准敕製皇帝「受命寶」，以「受天

明命，惟德允昌」爲文刻之。

## 後周二寶

《文獻通考》：周廣順三年二月，内司製國寶兩坐。詔太常具制度以聞有司奏。按，《唐六典》：符璽郎掌天子八寶。一曰神寶，二曰受命寶。其神寶方六寸，高四寸六分，厚一寸七分，蟠龍鈕，文與傳國寶同。傳國寶，秦始皇帝以玉刻之，方四寸，鈕蟠五龍。二寶歷傳，以爲神器。又别有六寶，因文爲名，并白玉，螭虎鈕。歷代相傳，亡則補之。北朝鑄之以金。至則天朝，以「璽」字涉嫌，改爲「寶」。貞觀十六年，别製「元璽」一坐，文曰「皇天景命，有德者昌」，白玉，螭虎鈕。同光中，製寶二坐，文曰「皇帝受命之寶」。晋天福四年，製寶一坐，文曰「皇帝神寶」。其同光、天福二寶，内司製造，不見鈕象并尺寸制度。敕令製寶二坐，宜用白玉，方六寸，螭虎鈕。詔馮道書寶文。一以「皇帝承天受命之寶」爲文，一以「皇帝神寶」爲文。

# 卷二

## 制度下

### 宋寶制度

《文獻通考》：宋制：凡寶用玉，篆文；廣四寸九分，厚一寸二分，填以金盤龍鈕。係暈錦大綬、赤小綬，連玉環。玉檢，高七寸，廣二寸四分；玉斗，方二寸四分，厚一寸二分，皆飾以金裝，裹以紅錦。加紅羅泥金夾帊，納於小盝。盝以金裝，内設金牀，暈錦褥，飾以襯色玻瓈，碧鈿石、珊瑚、金精石、瑪瑙。又盝三重，皆裝以金，覆以紅羅繡帊，載以腰輿及行馬，并飾以金。朝會陳於御前，大禮即列於仗衛中。

### 制用各寶

又，宋太祖受禪，傳周廣順中所造二寶。太宗制『承天受命之寶』；真宗制『恭膺天命之寶』。大中祥符中，又別制『恭膺天命之寶』『天下同文之寶』用於封禪，『昭受乾符之寶』以印密詞。

禁中所用，別有三印：一曰『天下合同之印』，中書奏覆狀、疏内銓歷任三代狀用之；二曰『御前之印』，樞密院宣命及諸司奏狀用之；三曰『書詔之印』，翰林詔書敕、別録敕榜用之，皆鑄以金。又以鍮石各鑄其一。雍熙三年，并改爲『寶』，別鑄以金，舊者皆毀之。

乾興元年，作『受命寶』，命參知政事王曾書之，遣内侍詣少府監文思院視工作。

仁宗明道元年，禁中火，寶、册悉焚。其年九月，改作寶及册。命參知政事陳堯佐書『受命寶』、宰相陳執中書『欽崇國祀之寶』刻之，以代真宗爲『昭受乾符之寶』，凡齋醮、表章用焉；薛奎書尊號册寶，參知政事晏殊書皇太后尊號册寶。二年成，三司言用黄金二千七百兩。爲沿寶法物，詔易以銀而塗黄金。

皇祐五年九月，作『鎮國神寶』。時閲奉宸庫得良玉，廣尺，厚半之，上

以其希世之寶，不欲以爲服玩，因作『鎮國神寶』。命宰相龐籍篆，而參知政事劉沆書其上。寶成以進，召近臣、宗室觀於延和殿。太常禮院引《唐六典》次序，曰：『一「神寶」，二「受命寶」』。冬至祠南郊，大賀儀仗，請以鎮國神寶爲前導。』自是，遂爲定式。

英宗即位，别製『受命寶』。嘉祐八年，將葬仁宗於永昭陵，翰林學士范鎮奏曰：『竊聞先朝「受命寶」及沿寶物與平生衣冠器用，皆欲舉而葬之，非所以稱大行皇帝恭儉之意也。其「受命寶」望陛下寶而用之，且示有所傳付。若衣冠器玩，則宜陳於陵寢及神御殿，歲時展視，以慰思慕。』詔檢討官披繹典故，及命兩制、禮官議。學士王珪等議曰：『「受命寶」猶昔「傳國璽」也，宜爲天子傳器，不當改作。古者藏先王衣服於廟寢，至於平生器玩，則世納於方中，亦不悉陳於陵寢。謂宜從省約，以稱先帝恭儉之寶。』已而，别製『受命寶』，珪等議格不用。命參知政事歐陽修篆其文，曰『皇帝恭膺天命之寶』。元豐八年五月，作『受命寶』。文與上同。

徽宗崇寧五年，有以玉印獻者，方寸，龜鈕，工作精巧，文曰『承天福，延萬億，永無極』。《受寶記》言『有以古篆進者』，謂是也。帝因次其文，仿李斯蟲魚篆作寶文。其方四寸有奇，螭鈕，方盤，上圓下方，名爲『鎮國寶』。

大觀元年，制八寶。時得玉工，用元豐中玉，琢天子、皇帝六璽，叠篆。紹聖間，得漢傳國璽，無檢，螭又不缺，疑其一角缺者，乃檢也。有《檢傳》，考驗甚詳。帝取其文而黜其璽，因作『受命寶』，其方四寸有奇，琢以白玉，篆以蟲魚，帝自爲之記。鎮國、受命二寶，合天子、皇帝六璽，爲八寶。於是下詔曰：自昔皆有尚符璽官，今雖隸門下後省，遇親祠，則臨時具員，訖事復罷。八寶既備，宜重典司之職。可令尚書省置官，如古之制。』又詔：『永惟受命之符，當有一代之制。而尚循秦舊，六璽之用度，越百年之久，或未大備。自天申命，地不愛寶，獲全玉於異域，得妙工於編氓。八寶既成，夐無前比，殆天所授，非人能爲。可以來年元日，御太慶殿，恭受八寶。』尚書省言：『請置符寶郎四員，隸門下省。二員以中人充，掌寶於禁中。』按，唐八寶，車駕臨幸，則符寶郎奉

寶以從。大朝會，則奉寶以進。今鎮國寶、受命寶非常用之器，欲臨幸則從六寶，朝會則陳八寶。內符寶郎捧出以授外符寶郎。外符寶郎從寶行，行禁衛之內，朝則分進於御座之前。鎮國寶、受命寶不常用，唯封禪則用之。皇帝之寶，答鄰國書則用之。皇帝行寶，降御札則用之。皇帝信寶，賜鄰國書及物則用之。天子之寶，答外夷國書用之。天子行寶，封册則用之。天子信寶，舉大兵則用之。應合用寶，外符寶郎具奏，請內符寶郎御前請寶；印訖，付外符寶郎承受。從之。二年，詔受命『寶』字之上添『鎮國』二字，鎮國、受命二寶，寶而不用，藏置內府，人未知制作之因，可宜付有司。政和六年，詔：御寶自祖宗朝行用，今百五十餘年，角刓篆暗，幾不可驗，恐無以示信天下。舊有祖宗所藏御前金寶，宜自冬祀大禮畢行用，而降新、舊二寶文，付外照驗，且以布告中外。七年，從于闐得大玉，踰二尺，色如截肪。帝又制一寶，赤螭鈕，文曰：『範圍天地，幽贊神明，保合太和，萬壽無疆。』凡十六字，篆以蟲魚。制作之工，幾於秦璽。其寶九寸，檢亦如之，號曰『定命寶』。合前八寶爲九。



其後詔以九寶爲稱，以定命寶爲首。應行導排設去處，定命與受命、天子寶在左，鎮國寶與皇帝寶在右。又詔：得寶玉於異域，受定命於神霄。合乾元用九之數，以明年元日受之。凡兩受寶，皆赦天下。帝曰『八寶者，國之神器也。至定命寶，乃我所自制』云。

紹興元年，製『受命中興寶』，宣示輔臣。比定命寶大半分。十六年，郊祀，始陳寶如承平之儀。凡中興御府所藏玉寶十有一，金寶三。八寶皆高宗作：一鎮國神寶，文曰『承天福，延萬億，永無疆』。二受命寶，文曰『受命於天，既壽永昌』。三曰天子之寶，四曰天子信寶，五曰天子行寶，六曰皇帝之寶，七曰皇帝信寶，八曰皇帝行寶。八寶印用已見前。大宋受命之寶。太祖作。定命寶。文十六字，徽宗作。并八寶爲九寶。大宋受命中興之寶。金寶三：皆建炎二年秋作。一皇帝欽崇國祀之寶。印香合詞表。二天下合同之寶。印中書門下省文字。三書詔之寶。印詔書。

### 皇后寶

《宋紀》：景祐元年，立后曹氏。命禮院詳定儀注。皇后玉册如太子制，

珉簡；寶用金，方一寸五分，高一寸，文曰『皇后之寶』。盤螭鈕。服以褘衣大帶、玉珮雙綬。

《文獻通考》：紹興十三年四月，行皇后册禮。册用珉玉五十簡；寶用玉，方一寸有半，盤螭鈕，文曰『皇后之寶』。隆興以後，悉金是制。

**太后玉寶**

《文獻通考》：哲宗元祐元年，詔：『天聖中，章獻明肅皇后用玉寶，方四寸九分，厚一寸二分，龍鈕。今太皇太后權問處分軍國事宜，依章獻皇后故事。』從之。又詔：『太皇太后玉寶，以「太皇太后之寶」爲文。皇太后金寶，以「皇太后寶」爲文。皇太妃金寶，以「皇太妃寶」爲文。』

**太子金寶**

《宋史》：至道中，門下省言：『按《開元禮》，皇太子寶，以黃金爲之，方一寸。《隋志》：皇太子寶，龜鈕，文曰「皇太子寶」，朱組大綬。請如舊制製造。』從之。



《文獻通考》：乾道元年，禮官討論皇太子册寶之制。按《會要》，册用珉玉，簡六十，前後四枚。寶以黃金爲之，文曰『皇太子寶』，係龜鈕。舊制方二寸。

**貴妃金印**

《宋史》：慶曆八年制：美人張氏爲貴妃。所司擇日備禮册，命學士宋祁就院寫告，用官告院印封進，妃擲告於地，不受。十二月，發册設次位，命官持節授册印，內外命婦稱賀。及入謝，略如册后儀。册用竹簡二十四版，長尺一，闊寸，天下樂錦裝標。金印方寸，文曰『貴妃之印』，龜鈕，紫綬。

**尊號寶**

《文獻通考》：累朝每上尊號，有司製玉寶，以尊號爲文。

紹興二十二年，孝宗受禪詔：恭上太上皇帝尊號曰『光堯聖壽太上皇帝』。禮官討論册寶之制，册用珉玉，寶用玉，篆文，廣四寸九分，厚二寸二分。以皇祐黍尺爲度，填以金盤龍鈕，係以暈錦大綬，赤小綬，連玉環，玉檢納於小盝，盝以金飾之。乾道七年，淳熙二年、十二年加上尊號，及紹熙元

年上『至尊壽皇帝』聖尊號，慶元二年上『聖安壽仁太上皇帝』尊號，册寶悉同此制。又上『壽聖太上皇后』尊號，册寶如慈寧之制。紹熙初，上『壽聖皇太后』『壽成皇后』尊號，金寶皆六字，文曰『壽聖皇太后寶』『壽成皇后之寶』。廣四寸九分，厚一寸二分，填以金盤，龍鈕。四年，加上『壽聖隆慈備福皇太后』尊號，金寶以十字爲文。慶元二年十月，上『壽聖隆慈備福光佑太皇太后』『壽成慈惠皇太后』『壽仁太上皇后』册寶，其制并同。嘉泰時，加上『壽成慈惠太皇太后』尊號，册寶亦如之。紹興七年，命文思院用玉製『顯肅皇后寶』二顆。禮官言：『國朝諸后謚寶，曾垂簾聽政者用玉，餘止用金。』遂詔以金造。

### 御書印

《史》：祥符二年，鑄龍圖閣印，文曰『龍圖閣御書記』。天禧四年，編御集，朱允中等言御製書印三，請用金鑄。從之。

### 諸司銅印



《文獻通考》：宋因唐制。諸司皆用銅印，諸王及中書門下印，方二寸一分；樞密、宣徽、三司、尚書省諸司印，方二寸。惟尚書省印不塗金，餘皆塗金。節度使印，方一寸九分，塗金，餘印并方一寸八分，惟觀察使塗金。諸王、節度使、州、府、軍、監、縣印，皆有銅牌，刻文云『牌出印入，印入牌出』。或本局無印者，皆給『奉使印』。景德四年，别鑄『兩京奉使印』。又有『朱記』，以給京城及外處職司及諸軍校等，其制長一寸七分，廣一寸六分。士庶及寺觀亦有『私記』。大中祥符五年，詔禁私鑄，止得雕木爲文，大方寸。

### 鑄三面印

《文獻通考》：景祐三年，篆文官王文盛言於少府監曰：『在京粮料院印，多僞傚之，以摹券歷者。謂宜鑄三面，圓其制。而面闊二寸五分，於外圍周匝篆紀年及粮料院名，凡十二字；以圍篆十二辰，凡十二字，中央篆「正」字，上連印鈕，令可轉旋，以機穴定之。用時月分對年，中互建十二月，自寅至丑，終始循環；每改元，即更鑄之。云若此，使奸人無復措其巧矣。』

少府監以奏，詔三司詳定，請如文盛言。

**印式著令**

又，王文盛言：『舊例親王、中書印，各方二寸一分。樞密、宣徽、三司、尚書省、開封府，方二寸。節度使，寸九分。節度觀察留後、觀察使，寸八分半。防禦、團練使，轉運、州、縣印，寸八分。凡印，各上下七分，皆闊寸六分，雖各有差降，而無令式以紀其數。』詔從其言，著於令。

**給奉使印**

神宗熙寧四年，詔中外奉使，除文臣兩省、武臣横行已上，不以職務緊慢，餘官如使外國，接送伴體，量安撫制勘之類，給奉使印。餘給銅記，以奉使朱記爲名。先是，臣僚差使，不以官序高下、職務慢緊，例給奉使印，而令式節文非劇司者記，故密院有請也。九年八月，令禮部鑄諸路提舉官印。自是，提舉官不帶奉使印以出。

**鑄三省貢舉印**



元豐四年，詔三省印銀鑄金塗，給事中印爲門下外省之印，舍人印爲中書外省之印。

六年，别鑄『禮部貢舉之印』。舊制，貢院有印。院廢，印亦隨毁。禮部遇鎖試，則牒印廢事故也。

**遇事借印**

禮部言：政和令，奉使官第二等以上給印，餘給記。差出者，遇替移事故，元借印記，隨所在寄納，本部歲終檢舉拘收。寄納州縣占留給借，無以防之。乃詔有司立法，應州縣寄納禮部印記，非奉朝旨，不許擅行給借。

**鑄樞密印**

《文獻通考》：建炎三年，鑄三省樞密院銀印。

《考古記》：宋樞密院與中書，對持文武二柄，號爲二府。院在中書之北，印有東院、西院之文，而共爲一院，但行東院印。

《夢溪筆談》：舊制，中書、樞密院三司使印，并塗金。近制，三省、樞

密院印用銀爲之，塗金。餘皆鑄銅而已。

《却掃編》：樞密院承旨，本吏人名，太平興國以翰林楊守一爲之，加『都』字。後復用吏。熙寧三年，復以李綬充副都承旨。未幾，又請鑄印。詔止許印在院，文字以『樞密都承旨印』爲文。

### 鑄行在印

《文獻通考》：紹興四年，鑄行宮留守司印。權户部侍郎王俣言：文書以印記防奸僞，錢穀尤爲要切，不可借用他印。今車駕巡幸，凡常程文書皆留守司裁决，以印記權爲立用。如行在所度支用侍郎印，金倉部通用金部印，留守司權本部侍郎用尚書印，太府、司農寺并用寺丞印。不惟目下交互，異時必生奸弊。請度支、金倉部、太府、司農寺各鑄印，以行在所或巡幸某印爲文。事已發，赴禮部置櫃封鑰掌之，遇巡幸關出行用，庶無窒礙。其他部要切印記，都省依此施行。詔印文添『行在所』字。

### 會子印

又，孝宗隆興二年，金部言：初行會子，權借户部尚書印覆印。今行之已久，恐致混淆，宜專有印記，俾郎官掌之。遂鑄太府寺專一檢察會子印。二年，復鑄尚書覆印會子印。

### 毁假借印

又，乾道二年，禮部請郡縣假借印記，悉毁而更鑄。馬端臨云：南渡之初，有司印章多失，尚方重鑄給之，加『行在』二字，或冠年號以别新舊，然欺僞猶未能革。至紹熙初，禮部侍郎李巘言：『文書有印，以示信防奸，給毁悉經省部，具有條制。然州縣沿循，或以縣佐而用東南將印，以掾曹而用司寇舊章，名既不正，弊亦難防。請令有司製州縣官合用印記，舊印非所當用者，毁之。』上從其請，由是名實正而真僞别矣。

### 印冠年號

又，寧宗嘉定十四年，鑄各州軍及京東安撫使、馬步軍總管、京東河北鎮撫節制大使印，并冠以『嘉定』二字。

## 遼金玉寶

《續文獻通考》：玉印，太宗破晉北歸，得於汴宮。穆宗應曆二年，詔用太宗舊寶。御前寶，金鑄，文曰『御前之寶』，印臣僚宣命；詔書寶，文曰『書詔之寶』，書詔批答用之；契丹寶，受契丹册儀，符寶郎奉寶置御座東；金印三，晉帝所上。

## 皇后、太子寶

皇太后寶。天顯二年，應天皇后稱制，群臣上璽綬，册承天皇太后儀，符寶郎奉寶置太后座右。皇后印，文曰『皇后教印』。皇太子寶。重熙九年，册皇太子儀，中書令授皇太子寶。

## 臣下印

臣下印。吏部印，文曰『吏部之印』，銀鑄，以印文官制誥。兵部印，文曰『兵部之印』，銀鑄，印軍職制誥。契丹樞密院、契丹諸行軍部署、漢人樞密院、中書省、漢人諸行宮都部署印，并鑄。文不過六字，以上以銀硃爲色。南北王内外百官印，并銅鑄，以黄丹爲色，諸税務以赤石爲色。杓窊印。窊，鶖鳥之總名，以爲印鈕，取疾速之義。行軍詔賜將帥用之。




## 金鑄各寶

《續文獻通考》：熙宗皇統五年，始鑄金『御前之寶』一、『書詔之寶』一。世宗大定十八年，御史大夫完顏璋請製大金『受命寶』，有司以秦璽文進。上命以『大金受命萬世之寶』爲文，其制徑四寸八分、厚一寸四分，盤龍鈕，高、厚各四寸六分有半。禮部尚書張景仁、少府監張僅言領工事，詔康光慶篆之。二十三年三月，鑄『宣命之寶』，金、玉各一，徑四寸二釐，厚一寸四分，鈕高一寸九分，字深二分。敕有司議所當用，奏：今所收八寶及皇統五年造『御前之寶』，賜宋國書及常例目則用之；『書詔之寶』，賜高麗、夏國詔并頒詔則用之。大定十八年造『大金受命萬世之寶』，奉敕再議。今所鑄金寶，宜以進呈爲始：一品及王、公、妃用玉寶；二品以下，用今『宣命之寶』。二十五年十二月，命範銅爲『禮信之寶』，凡賜方外禮物、給信袋

則用。章宗明昌四年七月，命以銀改鑄『禮信之寶』，仍塗以金。

太皇太后、皇太后、皇后、太妃寶，皆用金。

**太子寶**

世宗大定二十四年，幸上京，鑄金寶以授皇太子。有司定其文曰『監國』，世宗命以『守』易『監』，比親王印，廣、長各加一分，龜鈕。二十八年，世宗不豫，以皇太子攝政，鑄『攝政之寶』。貞祐三年，以皇太子守緒控制樞密院，詔以金鑄『撫軍之寶』，如世宗時制，於啟稟時用之。

**給諸司印**

天會六年，始詔給諸司印，其前所帶印記，無問有無新命，悉上送官，敢匿者國有常憲。至正隆元年，以內外官印新舊名及階品大小不一，有用遼、宋舊印及契丹字者，遂定制，命禮部更鑄。三師、三公、親王、尚書令并金印，方二寸，重八十兩，駝鈕。一字王印，方一寸七分半，金鍍銀，重四十兩，三字。諸郡王印，方一寸六分半，金鍍銀，重三十五兩，三字。國公無印。一品印，方一寸六分半，金鍍銀，重三十五兩，三字。二品印，方一寸六分，金鍍銀，重二十六兩。東宮三師、宰執與郡王同。三品印，方一寸五分半，銅，重二十四兩。四品印，方一寸五分，銅，重二十四兩。缺。六品印，一寸三分，銅，重十六兩。七品印，一寸二分，銅，重十六兩。八品印，一寸一分半，銅，重十四兩。九品印，一寸一分，銅，重十四兩。凡朱記，方一寸，銅，重十四兩。天德二年，行尚書省以其印小，遂命議尚書省印小一等改鑄。大定二十四年二月，行尚書省、議事臺并左右三部印，以從幸上京。泰和元年，安國軍節度使高有鄰言：本州所掌印三，曰安國軍節度使之印；曰邢州觀察使印，吏、户、禮印用之；曰邢州之印，兵、刑、工案用之。以名實不正，乞改鑄。宰臣奏謂：節度使專行之事，自當用節度使印，觀察使亦如之。其六曹提點所軍兵民訟，則當用本州印，著爲定制。上從之。

**元制寶璽**

《續文獻通考》：元至元元年七月，定用御寶制：凡宣命，一品、二品用

玉，三品至五品用金；其文曰『皇帝行寶』者，即位時所鑄，惟用之詔誥；别鑄『宣命』金寶行之。六年，製玉璽，大小十鈕。文宗天曆二年，開奎章閣，作二璽，一曰『天曆之寶』，一曰『奎章閣寶』，命虞集篆文。順帝作二小璽，一曰『明仁殿寶』，一曰『洪禧』，命楊瑀篆文。『洪禧』璞純白，而龜鈕黑色。至正元年，詔刻宣文、至正二寶。『宣命之寶』用玉，以玉箸篆。

### 蒙古字印

一品衙門，用三臺金印；二品、三品用兩臺銀印。其餘大小衙門印，雖大小不同，皆用銅。其印文皆用八思麻帝師所製蒙古字書。

### 位號視印

《鑑》：元宗室、駙馬，通稱諸王。初制簡樸，位號無稱，惟視印章以爲輕重。後雖有國邑之名，而印章之等如舊封。一字王者金印，獸鈕。兩字王者金印，螭鈕。次有金印駝鈕，金鍍銀印駝鈕，龜鈕，有止用銀印龜鈕。等級不同如此。又，同姓有無國邑而稱王者，但稱宗王。

### 明制寶璽

《續文獻通考》：明寶璽凡十四，寶之大者曰『奉天之寶』，爲唐宋相傳，惟祀天地用之。凡詔若赦，則用『皇帝之寶』；立、封及賜勞，則用『行寶』；詔親王、大臣、用兵，則用『信寶』；册上尊號，則用『尊親之寶』；敕諭親王，則用『親親之寶』；祀山川鬼神，則用『天子之寶』；封外國及賜勞，則用『天子行寶』；詔外夷調兵，則用『天子信寶』；賜誥用『誥命之寶』；賜敕用『敕命之寶』；以進御座，則用『御前之寶』；獎諭臣工，則用『廣運之寶』；敕諭來朝官員，則用『敬天勤民之寶』。

建文三年春正月辛酉朔，『凝命神寶』成，方一尺六寸九分，帝親定其文曰『天命明德，表正萬方，精一執中，宇宙永昌』。先是，帝在儲位，夢神人致上，帝命授以重寶。元年，使者還西方，得青玉於雪山，方踰二尺，質理溫栗。二年正月，帝郊祀，宿齋宮，夕夢若有睹，乃驚寤。命玉人琢爲大璽。十二月，工成，名『凝命神寶』。至是，以告天地祖宗，爲文宣示遐邇，百官稱賀。

### 后妃寶

《續文獻通考》：皇后金册、金寶，貴妃而下有册無寶。獨宣德元年，以貴妃孫氏有容德，請於皇太后，製金寶賜之，且命太師英國公張輔爲正使，少師吏部尚書蹇義爲副使。二公，元臣也。未幾而貴妃有子。自是貴妃受寶，遂成故事焉。

### 諸司印信

《明會典》：國初，禮部設鑄印局，又設儒士二員，後增二員。專寫印上文字。三年，外補其大小衙門印記年久模糊者，申知上司，具奏鑄換新印，其舊印仍繳印局看驗。若印降未久，捏奏煩擾，雖已鑄換，仍將申奏官治罪。嘉靖後，鑄造印記、關防，專以《洪武正韻》爲主，《正韻》不載，方取許氏《説文》，二書無考者，將《六書》等書參考。又弘治中，奏准若衛所軍職將印當錢使用者，帶俸差操。

宗人府、五軍都督府俱正一品，銀印，三臺，方三寸四分，厚一寸。



六部都察院并在外各都司，俱正二品，銀印，二臺，方三寸二分，厚八分。衍聖公、張真人、中都留守司，俱正二品，各布政司從二品，銀印，二臺，方三寸一分，厚七分。景泰三年，賜衍聖公三臺銀印。

順天、應天二府尹，俱正三品，銀印，方二寸九分，厚六分五釐。通政司、大理寺、太常寺、詹事府，及京衛并在外各按察司、各衛，俱正三品，苑馬寺、宣慰司，俱從三品，銅印，方二寸七分，厚六分。太僕寺、光禄寺并在外各鹽運司，俱從三品，銅印，方二寸六分，厚五分五釐。

鴻臚寺并在外各府，俱正四品，國子監并在外宣撫司，俱從四品，銅印，方二寸五分，厚五分。

翰林院、左右春坊、尚寶司、欽天監、太醫院、上林院監、六部各司、宗人府經歷司，并在外各王府長史司、各衛千户所，俱正五品，司經局、五府經歷司并在外招討司、安撫司，俱從五品，銅印，方二寸四分，厚四分五釐。在外各州，從五品，銅印，方二寸三分，厚四分。

都察院經歷司、大理寺左右寺、五城兵馬司，大興、宛平、上元、江寧各京縣及僧録司、道録司，并在外中都留守司經歷司、斷事司，各都司經歷司、斷事司，各衛百户所、長官司，及各王府審理所，俱正六品，光禄寺大官等署，并在外各布政司經歷司、理問所，俱從六品，銅印，方二寸二分，厚三分五釐。

吏科等六科行人、通政各經歷司，工部營繕所、太常寺典簿廳、上林苑監蕃育等署，并在外各按察司經歷司、各縣，俱正七品，中書舍人，順天、應天府經歷司，京衛經歷司，光禄寺典簿廳，太僕寺、詹事府各主簿廳，并在外各衛經歷司、鹽運司經歷司、苑馬寺主簿廳、宣慰司經歷司俱從七品，銅印，方二寸一分，厚三分。

户部、刑部、都察院各照磨所，兵部典牧所，國子監繩愆廳、博士廳、典簿廳，鴻臚寺、欽天監各主簿廳，并在外各布政司照磨所，各府經歷司及各王府紀善、典寶、典膳、奉祀、良醫、工正各所，宣撫司經歷，以上正從八品，



俱銅印，方二寸，厚二分五釐。

刑部、都察院各司獄司，順天、應天二府照磨所、司獄司，鴻臚寺内儀署、司賔署，國子監典籍廳，上林苑監典簿廳，内府寶鈔等各庫，御馬倉、艸倉，會同館，織染所，文思院，皮作局，顏料局，鞍轡局，寶源局，軍器局，都税等司，教坊司，并在外留守司司獄司，各都司司獄司，各按察司照磨所、司獄司，各府照磨所、司獄司及各王府長史司典簿廳、教授、典儀所，各府衛儒學，税課司，陰陽學、醫學、僧綱司、道紀司，及各巡檢司，以上正從九品，俱銅印，方一寸九分，厚二分二釐。

各州縣儒學、倉庫、驛遞、閘壩批驗所、抽分竹木局、河泊所、織染局、税課司、陰陽學、醫學、僧道司，俱未入流，銅條記，闊一寸三分，長二寸五分，厚二分一釐。以上俱直鈕，九叠篆文。

監察御史，銅印，直鈕，有眼，方一寸五分，厚三分，八叠篆文。

總制、總督、巡撫等項，并鎮守及凡公差官，銅關防，直鈕，闊一寸九分

五鼇，長二寸九分，厚三分，九叠篆文。

征西、鎮朔、平羌、平蠻等將軍，銀印，虎鈕，方三寸三分，厚九分，柳葉篆文。

文淵閣，銀印，直鈕，方一寸七分，厚六分，玉箸篆文。宣德年賜，惟進呈文字等項用之。

## 私印古制

《考古紀略》：古人私印，質有金、銀、銅、玉，鈕有螭、龜、壇、鼻、獅、虎、兔、獸，與官印無異。又有子母印、兩面印、六面印，乃官印中所無。子母者，大印之中藏以小印，多則三四，少則一二；兩面者，其厚一二分而無鈕，上下刻文，中空一竅，以綰組也；六面者，上下四週皆刻文字，其制正方，下及傍側爲五印，上作方鈕，仿佛如鼻，成一小印也。

## 卷三

### 賚予

印爲示信之物，所係非輕。故古今封拜之所及、命令之所出，非此莫憑。今考歷代帝王賜授大略，題爲《賚予》，以標鄭重。

**授印説吴**

《淮南子·人間訓》：衛君朝吴，吴王囚之，欲流之於海。魯君曰：『吾欲免之而不能爲，奈何？』仲尼曰：『若欲免之，請子貢行。』魯君召子貢，授之『將軍之印』。歛躬而行。

**受印約從**

《戰國策》：蘇秦見説趙王於華屋之下，趙王大説，封爲『武安君』，授相印。

**賜印擊楚**

《漢書·彭越傳》：漢元年秋，賜將軍印，使下濟陰以擊楚。



**立王受印**

《吴王濞傳》：立濞於沛，爲吴王，已拜，受印。高祖召濞，相之曰：『若狀有反相，天下同姓一家，慎無反。』

**賜令尹印**

《陳勝傳》：勝使賜田臧楚令尹印，使爲上將。田臧乃使諸將李歸等守滎陽城，自以精兵西迎秦軍於敖倉。

**懷思送印**

《東平王蒼傳》：永平十一年正月，來朝。月餘，還國。明帝懷思，乃遣使手詔國中傅曰：日者問東平王處家何等最樂，王言爲善最樂，其言甚大。今送列侯印十九枚，諸子年五歲已上能趨拜者，皆令帶之。

**賜印擊吴**

漢景帝賜汝南王以將軍印，擊吴。

**賜璽賜印**

《南粵傳》：高皇帝賜臣佗璽，以爲南粵王。賜其丞相銀印。

《陸賈傳》：天子憐百姓勞苦，遣臣授君王印符通使，君王宜北面稱臣。

**賜匈奴璽**

《文獻通考》：宣帝時，始賜匈奴單于印璽，與天子同。又，建武二十六年，賜南匈奴黄金璽、盭緺綬。《史》：漢光武賜莎車王賢西域都護印、綬。

**賜烏孫印**

《烏孫傳》：漢都護韓宣奏，烏孫大吏、大禄、大監賜金印紫綬。又，《西域傳》：烏孫公主侍者馮嫽，常持漢節，爲公主使，行賞賜於城郭。諸國敬信之，號曰馮夫人。爲烏孫右大將軍妻。右大將軍與烏就屠相愛，都護鄭吉使馮夫人乘錦車持節，詔烏就屠爲小昆彌，賜印綬也。

**通經賜印**

《後漢書》：崔駰曾祖母師氏能通《孝經》、百家之言。王莽賜號『儀成夫人』，金印紫綬。文軒丹轂，顯於新室之世。

**請賜印綬**

《東觀漢記》：諸王當歸國，詔書選三署郎補王家長史，除第五倫爲淮陽王長史。但輩除者多，印綬皆假倫請於王，王賜之印綬。

**改授金璽**

《魏志》：天子使魏公位在諸侯王上，改授金璽赤綬。

**印封倭王**

《文獻通考》：魏景初二年，既平公孫氏，倭女王遣大夫難升米等詣郡，求詣天子朝獻。太守送詣都，乃以金印紫綬封爲『親魏倭王』。

**賜刺史印**

王隱《晉書》：帝賜凉州刺史張駿金印文袍。

**賜學士印**

《翰林志》：晋開運中，賜學士院書詔金印一。

**加章就謁**

《晉書》：虞潭母亦拜爲武昌侯太夫人，加金章紫綬。潭立養堂於家，王導以下皆就拜謁。

**策賜蜜印**

又，《山濤傳》：策賜司徒，蜜印紫綬，侍中貂蟬，新沓伯蜜印朱綬。

**卒贈金章**

王導妻卒，贈金章紫綬。

**詔假印綬**

太始六年，詔太傅壽光公鄭沖、太保華陵公何曾，皆假夫人庶子印綬，食本秩三分之一，皆如郡公侯比。

**佩假侯印**

《晉永安起居注》：太康四年，有司奏，鄯善國遣子元英入侍，以英爲騎都尉，佩假歸義侯印，青、紫綬各一具。

**賜印糾繩**

唐元和十三年，賜六軍辟仗使印。辟仗使如方鎮之監軍，無印，及張奉國等得罪，至是始賜印，得糾繩軍政，事任專達矣。

**賜外夷印**

《唐會要》：貞元十年，詔賜南詔蠻異牟尋鑄印一，用黄金，銀爲窠，其文曰『貞元册南詔印』。

《契丹傳》：至德、寶應間朝獻，天子惡其外附回鶻，不復官爵。會昌二年，回鶻破，契丹酋屈戍始復入附，拜雲麾將軍、右武衛將軍。於是幽州節度使張仲武爲易回鶻所與舊印，賜唐新印，曰『奉國契丹之印』。

**曲賜金印**

《吴越世家》：唐莊宗入洛，吴越王鏐復修職貢於唐，并厚獻以賂權要，求金印玉册。上下其議於有司，有司言：故事惟天子用玉册，王公皆用竹。唐主曲從其請，竟以玉册金印賜之。

**賜皇帝寶**

《文獻通考》：宋太宗以玉寶二鈕，賜太祖之子德芳，其文曰『皇帝信寶』，至孫從式上之。

**賜諸王等印**

淳化五年，賜諸王印章。至道元年，鑄左右春坊印。紹興三十二年，鑄皇子鄧、慶、恭三王印。

《續文獻通考》：寶祐二年，詔皇太子忠王，授『崇寧節度使忠王之印』。景定三年，以李壇效順，賜金鍍銀印二。

**賜公主駙馬印**

《續文獻通考》：元世祖中統四年，給公主符印。至元四年，賜駙馬不花銀印。大德十年，賜駙馬濮陽王金印。

**賜諸王印**

至元四年，封皇子忽哥赤爲雲南王，賜駝鈕金鍍銀印。五年，封諸王



習怯吉爲河南王，賜駝鈕金印。六年，賜諸王與魯赤駝鈕金鍍銀印。十四年，改安西王傅銅印爲銀印。二十一年，封皇子爲鎮南王，賜塗金銀印。二十二年，賜皇子愛牙赤銀印。二十五年，賜雲南王塗金駝鈕印。二十七年，封皇孫爲梁王，賜金印。

成宗大德三年，封藥木忽而爲定遠王，賜金印。八年，封皇姪海山爲懷寧王，賜金印。九年，封孛羅爲鎮寧王，賜金印。

武宗至大二年，諸王禿滿進所藏太宗玉璽。封禿滿爲陽翟王，賜金印。又鑄金印，賜句容郡王。

**賜給諸官印**

元世祖中統九年，詔札魯忽赤乃太祖開創之始所置，位在百司上，其賜銀印。三十一年，時成宗未改元。以范文虎監後通惠河，給二品銀印。仁宗延祐元年，陞司天臺爲司天監，秩正三品，賜銀印。二年，詔遣宣撫司問民疾苦，黜陟官吏，并給銀印。又改給各道廉訪司銀印。四年，陞蒙古國子監秩

正三品，賜銀印。文宗天曆元年，給殿中侍御史及冀寧路印。凡内外百司印因兵而失者，令中書如品秩鑄給之。二年，立宫相都總管府，秩正三品，給銀印。

**賜玉押印**

順帝至元七年，詔左右丞相、平章、樞密、知院、御史大夫，得賜玉押字印，餘官不與。

**賜方士印**

元世祖徵方外士丘處機至京師，爲立其教，賜金印章。漢張道陵之後，世守其法，元封其後爲真人，給以銀印，視三品。文宗至順元年，鑄黄金神仙符命印，賜掌全真教道士苗道一。

**賜皇后印**

《續文獻通考》：明高皇帝賜中宫皇后白玉印，方一寸二分，曰『厚載之記』。

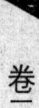

**賜太子印**

又，高皇帝賜懿文太子白玉方印，一寸二分，曰『大本堂記』。文皇帝賜仁廟玉押，曰『人主中正』。仁廟即位，時宣廟方爲皇太孫，復舉以授之，命印識章奏。

**賜大臣印記**

明仁宗賜蹇義、夏原吉、楊士奇、黄淮、楊榮、金幼孜印記，其文俱『繩愆糾繆』；而蹇義又有『蹇忠貞』，楊士奇又有『楊貞一』之印。宣宗賜蹇義曰『忠厚寬弘』、夏原吉曰『含弘貞静』、楊士奇曰『清方貞一』、楊榮曰『方直剛正』、胡濙曰『清和恭靖』又『文恭世家』、吴中曰『和敏詳達』各印記。景帝賜胡濙曰『忠良惟篤』、王文曰『忠誠匪懈』、衍聖公孔弘緒曰『謹禮崇德』各印記。世宗賜楊一清曰『耆德忠正』又『繩愆糾違』，張孚敬曰『忠良貞一』又『繩愆弼違』，又別記『永嘉張茂恭』，桂萼曰『忠誠静慎』又『繩愆匡違』，李時曰『忠敏安慎』、費宏曰『舊輔元臣』、夏言曰『學博才優』、

顧鼎臣曰『經緯首選』、翟鑾曰『清謹學士』又『繩愆輔德』、方獻夫曰『忠誠直諒』、嚴嵩曰『忠勤敏達』、仇鸞曰『翔卿』各印記。其時，郭勛亦有賜印，文字未詳。萬曆間，以少師張居正乞歸葬，範銀爲圖書賜之，俾馳傳密封言事，文曰『帝賚忠良』。嘉靖間，顧鼎臣居守，用牙刻『關防』賜之。

### 賜太監印記

明宣宗賜太監金英、范弘各銀記。又賜王御、周瑾銀記四，曰『忠肝義膽』，曰『金貂貴客』，曰『忠誠自勵』，曰『心跡雙清』。憲宗賜司禮覃昌牙記二，曰『忠誠不怠』，曰『謙亨忠敬』；銀記一，曰『才華明敏』；石記一，曰『補袞宣化』。世宗賜司禮張佐銀記四，曰『集謀補德』，曰『端忠誠慎』，曰『輔忠』，曰『勵忠』；司禮麥福銀記一，曰『恭勤端慎』。蓋中貴得之不難，此外不能盡悉。

### 賜方士印

明憲宗賜方士李孜省銀圖書二，曰『妙悟通玄』、曰『忠貞和直』，得密




封言事。又賜鄧常恩圖書一，曰『橐籥陰陽』；蕭崇一圖書二，曰『至真玄妙』、曰『丹霞歲月』。世宗賜真人邵元節白玉印，文曰『闡教護國』；烏玉印，文曰『太和子』。又賜真人陶仲文白玉印，文曰『凌虛子』；烏玉印，文曰『林隱』；銀記曰『秉一保國』。

## 流傳

人隨時往，心思手澤，後豈易見？凡有遺存，固宜以異寶目之也。至於璽印爲用，專以文字，較優他玩。幸得留於後世，安可忽而置之？爰稽記載，用志《流傳》。

### 奉上遺璽

《文獻通考》：王莽篡位，盜劫玉璽。莽敗時，帶璽綬避火於漸臺。商人杜吳殺莽取綬，不知取璽。公賓就見綬，問所在，乃斬莽首并璽與王憲。憲得無所送，又自乘天子車輦。更始將李松入長安，斬憲，送璽詣宛，上更

始。更始復奉赤眉，赤眉立劉盆子。建武三年，盆子敗，璽還光武。

### 探井得璽

漢靈帝時，董卓作亂，天子北幸河上，六璽不自隨。掌璽者投於井中。孫堅從桂陽入討董卓，時已焚烧洛邑，徙都長安。堅軍於城南井中，有五色氣，軍人莫敢汲。堅使人探井，得漢傳國玉璽，方四寸，上鈕盤五螭，螭上一角缺。袁紹有僭盗意，乃拘堅妻逼求之，紹敗，璽還漢。

### 鋤園得印

《後漢紀》：桓帝時，沛國戴翼鋤園，得黄金印。

### 營廟得璽

《魏志》：太和元年，甄豫初營宗廟，掘地得玉璽，方一寸九分，其文曰『天子羨思慈親』，明帝爲之改容。

### 成都玉印

又，咸熙元年，鎮西將軍衛瓘上雍州兵於成都縣，得碧玉印章一，印文似『成信』字。依周成王歸禾之義，宣示百官相國府。

### 得印改年

《吴志》：孫皓天册元年，吴郡言掘得有印，長一寸，廣三分，上刻有年、月、字。於是改年，大赦。

### 發冢得印

嬰齊墓在番禺，佗子也。孫權發其冢，得玉匣、珠襦、金印三十六、皇帝璽三、龍劍三，劍各刻有文，曰『純鈞』『干將』『莫耶』。

### 璽出漢水

《蜀志》：太傅許靖等上言先主曰：前關羽圍於樊、襄陽，襄陽男子張嘉、王休獻玉璽。璽潛漢水，伏於困泉，暉景燭燿，靈光徹天。夫漢者，高祖本所起，定天下之國號也。大王襲先帝軌迹，興於漢中也。今天子玉璽神光見，璽出襄陽漢水之末，明大王承其下流，授與以天子位，瑞命符應，非人力所致。

**墾地得璽**

《晉·紀》：建武元年，江寧縣民虞迪墾地，得白玉麟鈕璽一以獻，文曰『長壽萬年』。

**刺史奉璽**

《玉璽譜》：雍州璽者，晉雍州刺史郄恢表慕容永稱藩，奉璽，方六寸，厚三寸，上蟠螭爲鼻，合高四寸六分，四邊龜文，下有八字，其文曰『受天之命，皇帝壽昌』，鳥篆隱起，巧麗驚絶。是慕容所制，原其所由，未詳厥始。

**得璽懷還**

《晉中興書》：戴施得璽，陰懷還南，王彪之議：未詳傳國璽造創之始，然歷代以來及太始之初，揖遜禪位，以兹相授，故是傳國之守器也。始得之，宜慶賀。

《文獻通考》：傳國璽，魏以禪晉。趙王倫篡位，使義王王威就惠帝取之，帝不與，强奪之。晉帝永嘉五年，王彌入洛陽，執懷帝及傳國璽詣劉曜。後爲石勒所併，璽復屬勒，刻一邊云『天命石氏』。此題今不存。勒爲冉閔所滅，此璽屬閔。閔敗，璽存閔大將軍蔣幹。晉鎮西將軍謝尚，遣督護何融至，購賞得之。以晉穆帝永和八年，還江南。晉元帝東渡，歷數帝無玉璽，北人皆云司馬家白板天子。

**淮水得璽**

《中興書》：義熙十二年，左衛兵陳陽於府事前淮水中得璽，其文曰『王者不隱其過，則玉璧見』。璧亦璽也。

**遣送玉璽**

《晉書·載記》：石季龍剋上邽，遣主簿趙封送傳國玉璽、太子玉璽各一於勒。

**石闕得璽**

《石勒别傳》：韓强在長城縣西山巖石闕中，得玄璽一所，方四寸，厚二寸，石虎以爲縣瑞。

### 治第得璽

《五代史·蜀世家》：田令孜爲監軍，盜傳國璽而埋之於庭。永和二年，尚食使歐陽柔治令孜故第，穿地得之，以獻。

### 棄璽草間

《文獻通考》：梁末，侯景之敗也，以傳國璽自隨。使其侍中兼平原太守趙思賢掌之，曰：『若我死，宜沉於江，勿令江南吴兒復得之。』思賢自京口濟江，遇盗，從者棄之草間。至廣陵，以告郭元建。元建取之，以與辛術，送之至鄴。

### 汾水得璽

崔鴻《十六國春秋·前趙録》：河瑞元年，汾水中得玉璽，文曰『有新保之』，蓋王莽璽也。獻者因增『深海光』三字。淵以爲己瑞，大赦。

### 龍門得璽

《趙書》：劉曜於龍門河水中得一玉璽，文曰『克壽永昌』。曜以爲天錫劍璽，齋九日而受。



### 澗中得璽

《前涼録》：張寔元年，蘭池趙嬰上言：於青澗水中得一玉璽，鉗鈕，光照水外，文曰『皇帝璽』。群僚上賀。寔曰：『何忽有此言！』乃送之於京師。

### 于闐玉印

《北史·祖瑩傳》：孝昌中，廣平王第掘得古玉印，敕瑩與李琰之辨之。瑩曰：『此于闐國玉印，晋太康中所獻。』乃以墨塗觀之，果然，時稱其博物。

### 槐里獲璽

《北史·魏文帝紀》：大統三年春二月，槐里獲神璽，大赦。

### 璽投佛寺

《唐六典》：侯景敗，璽爲將侯子監所盗。走江東，懼追兵至，投諸佛寺，爲棲霞寺僧得之。

### 右將軍印

右將軍會稽内史銅印，斗鈕中空，刻文兩面，合漢丁爲之者，中央文杇

處乃丁柄，穿食小點。晉永和八年，王羲之自護軍右將軍代王述爲會稽内史，此其印也。唐貞觀四年，虞世南書孔子廟碑成刻石，以拓本進呈，太宗嘉愛，以此印賜之。

### 璽鬻之市

《通鑑》：黄巢破長安，魏州僧傳真得傳國璽，以爲常玉，將鬻之市。或識之曰：『此傳國璽也。』莊宗入魏，傳真詣行臺獻之。

### 巧工司馬印

《鶴岑隨筆》：臨淄縣人耕地，得『巧工司馬』印。考諸史傳，皆無此官。惟趙德夫《金石録》載：僞趙建武元年，《西門豹殿基記》有巧工司馬臣張由等監。蓋此官獨僞趙有之，印即此時物耳。

### 咸陽得璽

《文獻通考》：哲宗紹聖三年，咸陽縣民段義斸地得古玉印，光照滿室。四年，上之，詔禮部御史臺以下參驗。五年，翰林承旨蔡京及講議玉璽官十三



員奏：按，所獻玉璽，色緑如藍，温潤而澤，其文曰『受命於天，既壽永昌』，其背螭鈕五盤，鈕間有小竅用以貫組。又得玉螭一，首白如膏，其背亦螭鈕五盤，鈕間亦有貫組小竅，其面無文，與璽大小相合。篆文工作，皆非近世所爲。臣等以歷代正史考之，璽之文曰『皇帝壽昌』者，晉璽也；曰『受命于天』者，後魏璽也；『有德者昌』，唐璽也；『惟德允昌』，石晉璽也。則『既壽永昌』者，秦璽可知。其玉乃藍田之色，其篆與李斯小篆體合，非漢以後所作明矣。漢晉以來，得寶鼎瑞物猶告廟改元，肆眚上壽，況傳國之器乎？禮官言：五月朔，故事當大朝會，宜就受寶，依上尊號寶册儀。有司豫製沿寶法物并寶進入，俟降出，權於寶堂安奉。前三日差官奏告天地、宗廟、社稷，前一日帝齋於内殿。翼日，帝服通天冠，御大慶殿，降坐受寶，群臣上壽稱賀。

### 上獻璽寶

《文獻通考》：宋高宗開大元帥府，謝克家以玉璽來上，文曰『大宋受命之寶』。上見之慟哭，命汪伯彦司之。寧宗嘉定十四年十一月，京東河北節制司繳進

北方大將撲鹿花所獻『皇帝恭膺天命之寶』，并元符三年御府寶圖一冊。

### 朱勝私印

《宋史》：建炎元年，朱勝非夜防城，見南門外火光燭地。掘之，得銅印，文曰『朱勝私印』。火爍金，金所畏也。後拜相。

### 壽亭侯印

《容齋筆記》：荆門玉泉關將軍廟中，有壽亭侯印一鈕，其上大環徑四寸，下連四環，皆係於印上。相傳紹興中洞庭漁者得之，入于潭府，以爲關雲長封漢壽亭侯，此其故物也，故以歸之廟中。南雄守黄兑見臨川興聖院僧惠通印圖形，爲作記，而復州實相院又以建炎二年因伐木，於山門大樹下土中深四尺餘得此印，其環并背俱有文，云『漢建安二十年壽亭侯印』。今留於左藏庫。邵州守黄沃叔啟慶元二年復買一鈕于郡人張氏，其文正同，只欠五系環耳。予以謂皆非真漢物，且漢壽乃亭名，既以封雲長，不應去漢字。又其大比他漢印，幾倍之。聞嘉興王仲言亦有其一，侯印一而已，安得有四？雲長以四年受封，當即刻印，不應在二十年，尤非也。是特後人爲之以奉廟祭，其數必多，今流落人間者尚如此也。

### 校尉印

僧贊寧要言：近獲龜鈕銅印，僅寸，其文『校尉之印章』，作三行篆，前兩行皆二字，第三行單『章』字，細之令長，稱副前二行。思軒先生曰：『此印與五字制甚合，必漢物也。』

### 陰陽字印

江休復《嘉祐雜志》：陶蔡河獲一玉印，篆文不同，成陰陽字。

### 上傳國璽

《續文獻通考》：遼自遥輦氏之世受印於回鶻，至耶瀾可汗請印於唐武宗，始賜奉國契丹印。太祖神册元年，梁幽州刺史來歸，詔賜印綬，是時太祖受位遥輦十年矣。會同九年太宗伐晋，末帝表上傳國寶。按，傳國璽，秦始皇作，唐更名『承天寶』，後遂亡失，晋亡歸遼。自三國以來，僭僞諸國摸

擬私製，歷代府庫所藏不一，莫辨真僞。聖宗開泰十年，馳驛取石晋所上玉璽於中京，興宗重熙七年，以有傳國寶者爲正統，賦試進士。天祚保大二年，遼主延禧殺其子晋王敖盧斡，遂走雲中，遺玉璽于桑乾河。

**獲宋遼寶**

又，金太宗天會三年三月，斡魯獻傳國寶。時獲於遼者玉寶四，金寶二。玉者：『通天萬歲』之璽一，『受天明命，惟德乃昌』之寶一，皆方二寸；嗣聖寶一；又一御封未辨印文。金者：御前之寶一，書詔之寶一。前寶金初用之。獲於宋者玉寶十五，金寶七，印一，金塗銀寶五。玉者：受命寶一，咸陽所得，三寸六分，文曰『受命於天，既壽永昌』，相傳爲秦璽也，白玉，盤螭鈕。傳國寶一，螭鈕。二玉并碧色。鎮國寶一，文曰『承天休，延萬億，永無極』。又受命寶一，文曰『受命于天，既壽永昌』。天子之寶一，天子信寶一，天子行寶一，皇帝之寶一，皇帝信寶一，皇帝行寶一，皇帝恭膺天命之寶二，皆四寸八分，螭鈕。御書之寶二，一龍鈕，一螭鈕。宣和御筆之寶一，螭鈕。



金者：天下同文之寶一，龍鈕，御前之寶二，御書之寶一，宣和殿寶一，皇后之寶一，皇太子寶一，龜鈕印者。皇太子妃印，龜鈕。金塗銀者：皇帝欽崇國祀之寶一，天下合同之寶一，御前之寶一，御前錫賜之寶一。書詔之寶一，外有宋内府圖書之印一，御書三，御筆一，御畫一，御書玉寶一，天子萬年一，天子萬壽一，龜龍上珍一，河洛元瑞二，雲漢之章一，奎壁之文一，華國之瑞一，大觀中秘一，大觀寶篆一，政和一，宣和一，宣和御覽一，宣和中秘一，宣和殿制一，宣和大寶一，宣和書寶二，宣和畫寶一，常樂未央一，古文二封，共三十五面并玉。封字一，御畫一，二面并瑪瑙。政和御筆一，係水晶。

**出璽鬻之**

《續文獻通考》：元至元十三年，孟祺以故宋金玉寶及牌印來上，命太府監收之。至三十年，木華黎曾孫碩德已死而貧，其妻出玉璽一鬻之。或以告御史中丞崔彧，彧召秘書監丞楊桓辨其文，曰『受命於天，既壽永昌』，爲歷代傳國璽，遂獻之。丘瓊山曰：『此印得之故相之家，楊桓考證以爲秦

璽。』按，璽在漢爲元后所擲，角有微缺，魏文帝刻其旁曰：『魏受漢傳國之璽。』今此印非秦所製者明甚，疑即宋元符所得於咸陽民家者也。

### 金關印

《法書考》：金關封完銅印，輪鈕，兩面皆有文，如漢鏡銘。

### 繡衣執法大夫印

盛熙明《法書考》：繡衣執法大夫銅印，龜鈕，得之淮陰，字畫微漫，大夫字如嶧山碑法。

### 倉印

又，古銅倉印，甚薄，令其長而二之，隆其中一段，比印身倍厚爲鈕，色如碧玉，鈕左一淺竅，不透。按，太倉令丞，漢制，主受郡國漕穀。

### 楷字印

又，南徐司馬之印，銅鑄鋭鈕，桓温嘗引袁高爲南徐司馬，此即是也。印制與漢不類，蓋晉物也。然文乃楷書順字。或謂古者官印，皆佩於身，印作楷字，須順文讀之，所貴一見易讀。若是反字，惟可以印用，但擾攘時印



賜臣下，貴順忘反，非若篆文反順皆可讀也。

### 劉勝印

又，劉勝私印，銅鑄瓦鈕，鈕上作鈕，鈕中穿一小印，鈕上見一珠，下覆盆，可轉不可出。勝，東漢人，見《杜密傳》。予得古銅章内亦有劉勝私印，前行『劉勝』二字作白文，次行『私印』二字作朱文，龜鈕，子母式，與前不同。

### 周惡夫印

《初潭集》：人有獲玉印，文曰『周惡夫印』。遺劉原父。原曰：『漢條侯印尚存於今耶！』或疑之，原曰：『古「惡」「亞」二字通用。《史記》盧綰之孫他人封亞谷侯，而《漢書》作惡谷是矣！』聞者服其博學。

### 二十字印

《鶴岑隨筆》：余見古銅印一枚，鼻鈕，約方三分，作白文，曰『伊寛私記，宜身至前，迫事毋閒，願君自發，封完印信』，凡二十字。青緑温潤，疑

是六朝物。

### 得印名子

又，至正間，陸友仁得古銅印一枚，文曰『陸定之印』。即名其子，而字之曰『仲安』。

### 濬河得印

《野航漫録》：都憲河間張汝器，弘治間奉敕開濬漕河，於揚州揚子橋得舊印四枚，皆盤螭鈕，其文一『壽亭侯印』，一『鎮江府御前駐劄都統制印』，一『鄂州管内觀察使印』，一『都巡檢使之印』。進于朝，惟壽亭侯知爲關公，餘不知爲何時物。時程篁墩過淮陰，張以是質之。程曰：『史稱韓世忠嘗爲鎮江府御前駐劄都統制，岳武穆嘗爲管内觀察使，此二印蓋宋物。都巡檢亦宋官，主捕賊，以守臣兼領。今不注其職守所在，莫知爲誰也。』

### 名同古印

徐元懋云：予家藏古銅印，有一龜鈕者，其文曰『子實』，古且拙，意其爲漢物也。嘉定一友潘士英，字子實，以此贈之。吾蘇劉尚書纓，號鉄柯；杜御史啟偶得一古印，亦曰『鉄柯』，因以贈之。往往有相同者。

### 泥印

周減齋云：金陵一老友以泥印贈予，云其祖曾給事海忠介公故物也。其質以黄泥爲之，略煆以火，文曰『掌風化之官』。

### 壽亭侯印

宋漫堂云：大内有古銅印，方一寸，連環鈕，四刻『壽亭侯印』朱文四字，翡翠燦然。傍有痕，似嵌寶玉取去者。先文康嘗取一紙寶玩之。此印流傳不一。詳《容齋四筆》。

### 龍神印

又，今戊申歲，京師正陽門挑濬御河，得玉印如升，篆文人不能識。禮部出榜訪問，并原印印其後，數十日無辨之者。少宰孫北海家居，聞之曰：『此元順帝祈雨時所刻龍神印也，各門俱有之，蓋雨後即埋地下耳。』因取一

書送禮部，上刻印文注釋甚詳，一時嘆爲博物。

**謀克印**

《柳邊紀略》：丙寅歲，遼東外沙兒虎舊城掘地得銅章，傳送禮部。大二寸餘，篆『合重渾謀克印』六字，背左楷書如面文，右刻『大同二年，少府監造』八字。按，大同，遼世宗年號，而謀克則世傳金爵也。今觀斯印，則金未建國號爲遼屬時已有斯爵，而後特廣之耳。

# 卷四

## 故事

前人意旨不凡，言語動作，悉成韵事，故紀載之所不廢。印雖一物，而於用置取捨之間，或造作周旋之際，每有可傳，殊足醒人耳目，助藝林之佳話也。因輯《故事》類綴卷中。

### 置璽再拜

《周書》：湯放桀，服天子之璽，置之天子之座，再拜曰：『天子之位，有道者可以處之。』

### 納璽而去

《韓非子》：西門豹爲鄴令，秋毫之端無私利也，而甚簡左右。左右比周而惡之。期年上計，君收其璽。豹曰：『願請璽復以治鄴，不當，請伏斧鑕。』豹因重斂百姓，急事左右。期年，文侯迎而拜之，豹曰：『往年臣爲君治鄴而君奪臣璽，今臣爲左右治鄴而君拜臣，臣不能治矣。』納璽而去。

### 欲地制璽

《春秋後語》：秦破魏軍於華陽，走孟卯，王使段干木子與秦南陽。蘇代謂王曰：『欲璽者，段干木子也；欲地者，秦也。今王使欲地者制璽，欲璽者制地，魏地不盡則不和也。』

### 歸印散財

《越世家》：范蠡浮海出齊，自謂『鴟夷子皮』，致産數千萬。齊人聞其賢，以爲相。蠡曰：『居家則致千金，居官則至卿相，此布衣之極也！久受尊名，不祥。』乃歸相印，盡散其財與知友鄉黨。

### 得丞相璽

《史記·魏世家》：楚相昭魚謂蘇代曰：『田需死，恐張儀、犀首、薛公有一人相魏。』蘇代曰：『太子自相，是三人者皆將務以其國事魏，欲得丞相璽也。』

**鼓琴受印**

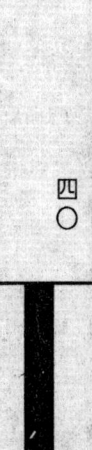

《孟子傳》：鄒忌以鼓琴干威王，因及國政，封爲成侯而受相印。

**解印間行**

《史記·范雎傳》：臣聞秦太后、穰侯用事，卒無秦王，竊爲王恐。秦王聞之，廢太后，逐穰侯，乃拜雎爲相，收穰侯之印。魏齊因范雎爲相，亡趙，匿平原君所。秦昭王欲殺之，魏齊夜亡，出見趙相虞卿。虞卿解其相印，與魏齊間行。

**歸印讓賢**

《蔡澤傳》：説范雎曰：『君何不以此時歸相印，讓賢者而授之，退而巖居川觀，長爲應侯，世世稱孤？』應侯因謝病，請歸相印。

**印迎不往**

《甘茂傳》：甘茂亡秦，奔齊。蘇代説秦王，秦王即賜之上卿，以相印迎之於齊。甘茂不往。

**納地效璽**

《史記·秦始紀》：秦併天下，令曰：異日韓王納地效璽，請爲藩臣，已倍約，與趙合從畔秦，故興兵誅之。

**效璽名卑**

《韓非子》：今人臣之言衡者，皆曰：不事大，則遇敵受禍矣。事大未必有實，則舉國而委地、效璽而請兵矣。獻國則地削，效璽則名卑。

**作亂矯璽**

《史·秦始皇紀》：九年，長信侯毐作亂而覺，矯王御璽及太后璽以發縣衛卒，將欲攻蘄年宫。王知之，發卒攻毐。

**斬守佩印**

《項羽紀》：會稽太守殷通，聞陳涉起，欲發兵應涉，使項梁將。梁囑姪籍斬守頭，佩其印綬，遂舉吳中兵。

**藉籌銷印**

《留侯世家》：項羽急圍漢王滎陽。王恐，與酈食其謀撓楚權。食其

曰：『昔湯放桀，武王伐紂，皆封其後。陛下復立六國後，畢已受印，必皆戴德。南鄉稱霸，楚必斂袵而朝。』漢王曰：『善。趣刻印，先生因行佩之。』張良來謁，王以酈生語告。對曰：『臣請藉借同。前箸籌之。昔湯武封桀紂後，能制其死命，今能制羽乎？武王入殷，發粟散錢，休馬放牛，示不復用，今能之乎？天下遊士，離親棄墓從遊，望尺寸之地，今復立六國後，遊士各歸其主，誰與取天下乎？楚惟無彊，六國立者復撓而從之，大王焉得而臣之？誠用客謀，陛下事去矣。』漢王罵曰：『豎儒幾敗而公事！』令趣銷印。

**封璽降道**

《漢高紀》：元年十月，秦王子嬰素車白馬，係頸以組，封皇帝璽符節，降軹道旁。

**予印令反**

又，項羽出關，使人殺義帝，立齊將田都爲齊王。田榮怒，因自立爲齊王，殺田都而反楚。予彭越將軍印，令反梁地。楚令蕭公角擊彭越，大破之。

**操印立王**

又，四年，韓信已破齊，使人言曰：『齊邊楚，權輕，不爲假王，恐不能安。』王欲攻之。留侯曰：『不如因而立之，使自爲守。』乃遣張良操印綬，立韓信爲齊王。

**封印而亡**

《陳丞相世家》：項王以陳平爲信武君，降殷王而還，拜爲都尉，賜金二十鎰。漢王攻下殷王，項王將誅定殷將吏。平懼，乃封金與印，使使歸項王，而平間行，仗劍亡。

**印刓不與**

《淮陰侯傳》：項羽有功當封爵，印刓，忍不能與。

《酈生傳》：項羽有倍約之名，戰勝而不得其賞，拔城而不得其封，爲人刻印，刓而不能授。注：手弄角訛也。左思《魏都賦》：朝無刓印，國無費留。

**賜印下城**

《張耳陳餘傳》：蒯通見武信君曰：『君何不賫臣侯印拜范陽令，范陽令則以城下君，所謂傳檄而千里定者也。』武信君從其計，使蒯通賜范陽令侯印。趙地聞之，不戰以城下者三十餘城。

**佩印有隙**

又，張耳責讓陳餘，餘怒曰：『不意君之望臣深也，豈以臣重去將哉！』乃脱解印綬與耳，耳不敢受。餘走如厠，客有説耳者曰：『天予不取，反受不祥，急取之。』乃佩其印，遂收其兵，由此有隙。

**奪印易置**

《淮陰侯傳》：漢王東渡河，宿傳舍，晨自稱漢使，馳入趙壁。張耳、韓信未起，即其卧内上奪其印符，以麾召諸將，易置之。

**説將解印**

《吕后紀》：太尉復令酈寄與典客劉揭先説吕禄曰：『帝使太尉守北軍，欲足下之國，急歸將印辭去。不然，禍且起。』吕禄以爲酈兄音況，酈寄字。不欺己，遂解印屬典客。

**持印弄之**

《趙堯傳》：御史大夫周昌爲趙相。既行久之，高祖持御史大夫印弄之曰：『誰可爲御史大夫者？』熟視堯曰：『無以易堯。』遂拜堯爲御史大夫。

**解印辭歸**

留侯事高祖定天下，嘆曰：『良以三寸舌爲帝者師，此布衣之極也。願棄人間事，從赤松子遊。』遂解印綬辭歸。

**上天子璽**

《漢文紀》：丞相以下皆迎代王，太尉周勃跪上天子璽符。至代邸，王西讓者三，南讓者再。丞相平等皆曰：『大王奉高帝廟最宜，謹奉天子璽符。』遂即位。

**綰璽不反**

《絳侯周勃世家》：人有告勃欲反，及繫，薄昭言太后。文帝朝，太后以冒絮頭上巾曰冒絮。提文帝曰：『絳侯綰皇帝璽，將兵於北軍，不以此時反，今居一小縣，顧欲反耶！』於是赦絳侯。

**私受梁印**

《史記》：吴楚軍時，李廣爲驍騎都尉，從太尉周亞夫擊吴楚軍，取旗，顯功名昌邑下。以梁王授廣將軍印，還，賞不行。徙爲上谷太守。注：廣爲漢將，私受梁印，故不以賞也。

**令奴作璽**

《淮南王傳》：淮南削地後，反謀益甚，召伍被與謀。王令官奴作皇帝璽，丞相、御史、大將軍、軍吏、中二千石、都官令、丞印，及旁近郡太守、都尉印，使人僞得罪而發兵。

又，衡山王聞淮南爲叛逆具，亦心結客以應，恐爲所併。賓客微知，日夜從容勸之。王使江都人救赫、陳喜作輣車鏃矢，刻天子璽，將相軍吏印，日夜求壯士。

**卧受印綬**

《漢書》：武帝遺詔，以討莽何羅功封金日磾爲秺侯。日磾以帝少，不受封。輔政歲餘，病困，大將軍光白封日磾，卧受印綬，一日，薨。

**立茅受印**

《漢·郊祀志》：康后有淫行，聞文成死，遺欒大入曰：『黄金可成，河決可塞，不死之藥可得，仙人可致。臣師非有求人，陛下必欲致之，則貴其使者，令爲親屬，各佩其信印，乃可使通言於神人。』於是上使驗小方，鬥棋，棋自相觸擊。時上憂河決，黄金不就，乃拜大爲五利將軍。居月餘，得四印：天士將軍、地士將軍、大通將軍印；以二千户封大爲樂通侯，以衛長公主妻之；天子又刻玉印曰『天道將軍』，使使衣羽衣夜立白茅上，五利亦羽衣立白茅上受印，以視不臣。天道者，爲天子道天神也。大見數月，佩六印，貴

震天下。

**取璽按劍**

《漢書》：昭帝時，霍光博陸侯。輔政，殿中嘗有怪，一夜群臣相驚。光召尚符璽郎取璽，郎不肯授。光欲奪之，郎按劍曰：『臣頭可得，璽不可得也。』光甚誼之，增郎秩二等。

**就次發璽**

請廢昌邑王，奏昌邑王立爲皇太子，受皇帝信璽、行璽，大行前，就次發璽不封。

**持手脱璽**

《霍光傳》：昭帝崩，無嗣，迎昌邑王賀。即位，行淫亂，光與群臣連名奏太后當廢。太后詔可。光令王拜受詔，即持其手解脱其璽組，奉上太后，扶王下殿。

**鷺銜天璽**

《西京雜記》：元后在家，嘗有白鷺銜白石大如指，墜后績筐中。后取之，石自剖爲二，其中有文曰『母天地后』。乃合之，遂復還合，乃寶録焉。後爲皇后，常并置璽笥中，謂爲天璽也。

**印何纍纍**

《史》：漢元帝時，石顯爲中書令，與僕射牢粱、少府五鹿充宗結黨，附者皆得寵位。民歌曰：『牢耶石耶，五鹿客耶。印何纍纍，綬若若耶。』言其兼官據勢也。

**持印拜將**

《衛青傳》：元朔五年春，令青將三萬騎出高闕圍右賢王，得右賢裨王十餘人。還至塞，天子使使者持大將軍印，即軍中拜爲大將軍。

**病不受印**

《平當傳》：當爲丞相，賜爵關内侯。明年，上欲封當，當病篤，不應召。室家或謂當：『不可强起受侯印爲子孫耶？』當曰：『吾居大位已有素餐

之責，起受侯印，還卧而死，死有餘罪。今不起者，所以爲子孫也。』

**視印列拜**

《漢書》：朱買臣拜會稽太守，上謂之曰：『富貴不歸故鄉，如衣錦綉夜行。』買臣頓首謝，乃懷其印綬微行，步歸郡邸。會稽上計吏方相與群飲，不視買臣。買臣入室，守邸與共食。食且飽，少見其綬。守邸怪之，前引其綬，視其印，會稽太守章也。守邸驚出，語上計吏，皆曰：『妄誕耳！』其故人素輕買臣者入視之，還走，疾呼曰：『實然！』乃推排列庭中拜謁。

**上印亡命**

張敞怨掾絮舜，按殺之。使者奏敞殺賊不辜，免爲庶人。敞詣闕上印綬，便從闕下亡命。

**謝不受印**

《汲鄭傳》：黯坐小法免官，會更五銖錢，民多盜鑄，楚地尤甚。乃召拜黯爲淮陽太守，黯伏謝不受印。詔數强予，然後奉詔。



**聞濟解印**

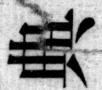

《漢書》：朱穆，字公叔，爲冀州刺史。冀部令長聞穆濟河，解印綬四十餘人。庾信《步陸逞碑》：百城解印，憚朱穆之威；千里相迎，愛王基之德。

**大行前受印**

孔光將拜丞相，已刻侯印，書策未拜，上暴崩。其夜於大行前拜受丞相、博山侯印綬。

**臨崩付璽**

《漢書》：哀帝臨崩，以璽綬付董賢，曰：『無以與人。』王閎白元后請奪之，即帶劍至宣德闥謂賢曰：『宫车晏駕，國嗣未立，何事久持璽綬，以速禍耶！』賢不敢拒，乃跪授璽綬。

**出璽投地**

《文獻通考》：漢平帝崩，孺子未立，璽藏長樂宫。王莽即位，請璽太后，元帝后，王莽之姑。不肯授。莽使安陽侯王舜諭指。太后怒駡，且曰：『若自以

爲新皇帝，變更正朔服制，亦當自更作璽，何用此璽爲？我漢家老寡婦，旦暮且死，欲與此璽俱葬！』終不可得。太后涕泣，左右皆垂涕，舜亦悲不能止。良久，乃謂太后：『臣等已無可言。莽必欲得傳國璽，太后寧能終不與耶？』太后乃出璽投之地，曰：『我老且死，而兄弟今族滅也。』舜得璽，奏之，莽大悦。

《史》：班彪論王莽之興，由孝元后卒成。新都、位號已移於天下，而卷卷猶握一璽，不欲授莽。婦人之仁，悲夫！

**椎破故印**

《漢書》：王莽既篡位，遣五威將軍王駿等多齎金帛遺單于，因易故印，故印文曰『匈奴單于璽』，莽更曰『新匈奴單于章』。駿既至，授單于印綬，令上故印綬，單于再拜受詔，譯前，欲解故印。左姑夕侯蘇曰：『未見新印文，宜且勿與。』單于解故印紱奉上，受著新紱，不解視印。飲食至夜罷，右率陳饒謂諸將率曰：『鄉者姑夕侯疑印文，幾令單于不予，如令視印，知其



變改，必求故印，此非辭説所能距也。既得而復失之，辱命莫大，不如椎破故印，以絶禍根。』即引斧椎壞之。明日，單于果言漢賜印言璽，今去璽，與臣下無異，願得故印。將率示以破印，單于無可奈何，又得賂遺，乃遣使奉牛馬入謝，上書求故印。後以印文改易結恨，勒兵入寇。

**推印不受**

又，王莽篡位，遣謁者即拜龔勝太子師友祭酒，以印綬就加勝。輒推不受，曰：『吾受漢恩厚，無以報，今老矣，旦暮入地，豈宜以一身事二姓下見故主哉！』

**賜印皆降**

《南越傳》：元鼎六年，樓船將軍將精卒，伏波將軍將罪人與樓船會。樓船攻敗越人，伏波乃爲營，遣使者招降者，賜印。犁旦，城中皆降伏波。

**叱召帶印**

《後漢書》：寇恂初爲功曹，太守耿况甚重之。王莽敗，更始立，使使者

徇郡國曰：『先降者復爵位。』至上谷，况迎，上印綬，使者納之，一宿無還意。恂勒兵入見使者曰：『天下初定，使君建節銜命，郡縣莫不延頸傾耳，令始至上谷而先墮大信，將復何以號令他郡乎！』使者不應，恂叱左右以使者命召况。恂進取印綬帶于况，使者不得已，乃承制詔之，况受命而歸。

### 得印佩之

《東觀漢記》：更始以上爲太常偏將軍，時無印，得定武侯家丞印佩之。

### 上印就第

《後漢書》：光武欲保全功臣爵土，不令以吏事爲過，遂罷左右將軍官。耿弇等上大將軍印綬，皆以列侯就第，加位特進，奉朝請。

### 置印固讓

《東觀漢記》：帝欲封樊興，置印綬於前。興固讓曰：『臣未有先登陷陣之功，而一家數人并蒙爵土，令天下觖望。』上嘉興之讓，不奪其志。

### 上印乞歸

彭宣字子佩，爲大司空。以王莽專權，上印綬，乞歸鄉里。

### 上書正印

《東觀漢記》：馬援拜伏波將軍，上書曰：『臣所假伏波將軍印，书伏字犬文外向，成皋令皋字爲白下羊，丞印四下羊，尉印白下人，人下羊，即一縣長吏印文不同，恐天下不正者多。符印所以爲信也，所宜齊同，薦曉古文字者。』事下大司空正郡國印章，奏可。

### 搆陷收印

馬援征交趾，卒于軍。梁松搆陷之，詔收新息侯印綬。

### 刻璽鑄印

《漢書·江都王建傳》：建自知罪多恐誅，與其后誠光共使越婢下神祝詛，治黃屋蓋，刻皇帝璽，鑄將軍印。

### 石有玉璽

《後漢》：張豐執好方術。有道士言豐當爲天子，以五綵囊裹石繫肘，

云：『石中有玉璽。』豐信之，遂反。及執當斬，猶曰：『肘石有玉璽。』爲椎破之，豐乃知被詐，嘆曰：『當死無恨。』

**得印從諫**

張魯在漢中，民有地中得玉印者，群下欲尊魯爲漢寧王。功曹閻諫以必爲禍先，魯從而止。

**得印稱皇**

延熹八年，沛國戴異得黄金印，無文字，遂與廣陵人龍尚等共祭井作符書，稱太上皇，伏誅。

**因師獲印**

《漢·黨錮傳》：桓帝初受學于甘陵周福，後以福爲尚書。時河南尹房植有名當朝，鄉人語曰：『天下規矩房伯武，因師獲印周仲進。』兩家各樹朋徒，有南北部黨人之議。仲進，福字也。

**游平賣印**

《五行志》：桓帝時，竇武字游平，與陳蕃合心戮力，惟德是建，印綬所加，咸得其人。京師童謡云：『游平賣印自有平，去聲。不避豪賢及大姓。』

**先佩印綬**

《漢·黄憲傳》：陳蕃爲三公，臨朝嘆曰：『叔度若在，吾不敢先佩印綬矣。』

**大會陳印**

漢桓榮爲少傅，大會諸生，陳其車馬印綬曰：『今日所蒙，稽古之力也。』

**印污腐屍**

漢靈帝數以車騎過拜嬖臣，及贈亡人。應劭曰：『美職加於頑凶，印綬污於腐屍，虧國家之舊，傷虓武之重。』

**以錐畫印**

《鑑》：漢獻帝興平二年十二月，帝至弘農。張濟與李傕、郭汜合追帝，李樂令上御馬至陝，又渡河到大陽，幸李樂營。河南太守張揚使數千人負

餉，上御牛車幸安邑。河東太守王邑奉獻錦帛，悉賦公卿以下。群帥競求拜職，刻印不給，以錐畫之。乘輿居棘籬中，門户無關閉。

### 遭難印存

《後漢書》：徐璆歷汝南太守、東海相。獻帝遷許，以廷尉徵，道爲袁術所劫，守之以死，術不敢逼。術死軍破，璆得其所盜國璽還許，上之，并送前所假汝南、東海二郡印綬。司徒趙温謂曰：『君遭大難，猶存此耶？』璆曰：『昔蘇武困於匈奴，不墜七尺之節，况方寸印乎！』

### 舉璽向肘

《文獻通考》：袁紹有僭盜意，乃拘孫堅妻逼求傳國璽。紹得璽，見魏武，舉以向肘。魏武惡之，紹敗，得璽還漢。

### 以璽抵軒

《續漢書》：獻穆曹后，操之女也。魏受禪，遣使求璽綬。后怒，以璽綬抵軒下，涕泣横流曰：『天不仞璽。』左右莫能仰視。



### 問璽所在

《魏志》：太祖崩洛陽，賈逵典喪事。時鄢陵侯彰行越騎將軍，從長安來赴，問逵先王璽綬所在。逵正色曰：『太子在鄴，國有儲副。先王璽綬，非君所宜問也。』

### 自以璽付

《魏略》：司馬景王廢齊王芳，使郭芝入白太后，取璽綬。太后取璽綬置坐側。及迎高貴鄉公，又請璽綬。太后曰：『我見高貴鄉公小時識之，明日我欲自以璽綬手付之。』

### 好金作印

《魏志》：太祖與吕布書曰：『國家無好金，自取家好金更相爲作印。國家無紫綬，自取所帶綬以表孤心。』

### 印綬易餅

《魏略》：丁謐父斐，字文侯。建安末，太祖征吴，斐隨行，自以家牛羸

困，私易官牛，被收獄奪官。後太祖調丁斐曰：『文侯印綬何在？』斐亦知見戲也，對曰：『以易餅。』

### 得印知徵

《魏書》：高祐字子集，小名次奴，賜爵建康子。高宗末，有人于零丘得一玉印以獻，詔以示祐。祐曰：『印上有籀書二字，曰「宋壽」。壽者命也，我獲其命，是歸我之徵也。』後果薛安都等以五州降附。

### 相印知辱

《魏氏春秋》：許允善相印，出爲鎮北將軍，將拜，以印不善，使更刻之。如此者三，允曰：『印雖始成，而已被辱。』問送印者，果懷之而墜于廁。

### 使筮印囊

《魏志》：平原太守劉邠取印囊著器中，使管輅筮之。輅曰：『內方外圓，五色成文，含寶守信，出則有章，此印囊也。』

### 改元天璽



《吳志》：孫皓時，吳郡言臨平湖邊得石函，中有小石，青白色，刻上作『皇帝』字。改元爲天璽。

### 以印封行

《陸遜傳》：遜領荆州牧。諸葛亮與權連和，時事所宜，權令遜語亮，并刻權印以置遜所。權每與亮書，輕重可否，有所未安，便令改定，以印封行。

### 請印假綬

《吳·周魴傳》：今舉大事，非爵號無以勸之，乞請將軍侯印各五十鈕，郎將印百鈕，校尉都尉印各二百鈕，得以假授諸軍帥。

### 詐印啟主

《江表傳》：吴歷陵縣有名山，臨水高百丈，其上三十丈，有七孔，相傳謂之石印。石印『神有三郎』。時歷陵長表言石印文發，孫皓大喜，遣使祭歷陵。使者以高梯上，省印文，詐以朱書曰：『楚九州都揚作天子。』還，以印文啟皓。皓曰：『太平之主，非孫復誰！』以印綬拜三郎爲王。

## 刮印龜背

《吴志》：孫亮初，公安有童謡曰：『白鼍鳴，龜背平，南郡城中可求生，守死不去求無成。』明年，諸葛恪敗，弟融鎮公安被收，刮金印龜背，一服而死。

## 貂蟬佩璽

《晋書·禮志》：璽將生，擇吉日，皇后著十二笄步摇，依漢魏故事，衣青衣，乘油畫雲母安車，駕六騩馬，女尚書著貂蟬佩璽陪乘，載筐鈎。

## 捩指奪璽

《晋書》：義陽王威無操行，附趙王倫，逼帝奪璽綬。倫敗，惠帝反正，曰：『阿皮捩吾指，奪吾璽綬，不可不殺。』於是誅威。阿皮，威小字。

## 問璽出奔

《晋書》：王導孫謐，少有美譽，領司徒。桓玄將篡，謐奉璽册詣玄，玄封開國公。及劉裕破玄，護軍將軍劉毅問曰：『璽綬何在？』謐懼出奔。裕追還之，委任如初。



## 求璽叱之

《晋書·載記》：苻堅奔五將山，姚萇遣將軍吴忠圍之。堅衆奔散，神色自若。俄而忠至，執以歸新平，幽之於别室。萇求傳國璽曰：『萇次膺符歷，可以爲惠。』堅瞋目叱之曰：『小羌乃敢干逼天子！豈以傳國璽授汝羌也！圖緯符命，何所依據，五胡次序，無汝羌名，璽已送晋，不可得也。』

## 變服受璽

《晋中興書》：海西公廢，大司馬桓温率百官具乘輿法駕，迎簡文於會稽邸。簡文於朝堂變服，著平頭幘，單衣東向，拜受璽綬。

## 號奉璽君

《晋書·慕容儁載記》：先是，蔣幹以傳國璽送於建業，儁欲神其事，言曆運在己，乃詐云冉閔妻得之以獻，賜號奉璽君。永和八年僭位，建元元璽。

## 印龜左顧

《晋書》：孔愉，字敬康，山陰人。建興初，除駙馬都尉，參丞相軍國

事，討華軼功封餘不亭侯。昔行經餘不溪，見籠龜於路者，愉買而放之，龜中流左顧者數四。及是鑄侯印而龜鈕左顧，三鑄如初，印人以告愉，乃悟，遂佩焉。

### 鵲飛化印

《博物志》：故太尉常山張顥爲梁相，天新雨後，有鳥如山鵲，飛翔近地。市人擲之，稍下墮，民争取之，即化一圓石。言縣府令鎚破之，得一金印，文曰『忠孝侯印』。顥表上之，藏於官庫。後議郎汝南樊行夷校書東觀，表上言堯舜時舊有此官，今天降印，宜可復置。

### 墮印損鈕

《賈子説林》：王豐爲穀城令，治民有法，民多暴富，歌之曰：『天厚穀城生王公，爲宰三月恩澤通，室如懸磬今擊鐘。』一日豐印墮地，損其鼻鈕，明日視之，則如覆斗也。豐異之，問功曹張齊，齊對曰：『自昔君印多用覆斗，以臣料之，君當封乎？』後果封中山君。



### 相印知祚

《述異記》：張軌，字士彦，爲使持節護羌校尉、凉州刺史。客相印曰：『祚傳子孫，長有西夏。』闕洛傾陷而凉州獨全，傳國八主。

### 穿井得印

《拾遺録》：王溥即王吉之後，傭書於洛，美形貌，又多文辭，來就其書者，丈夫贈其衣冠，婦人遺其珠玉。一日之中，衣寶盈車而歸。積粟十廪，九族莫不仰其衣食，洛陽稱其爲善而得富也。溥先時家貧，穿井得鐵印，銘曰：『傭力得富，錢至億庾。一土三田，軍門主簿。』後以一億庾錢輸官，得中壘校尉。三田一土，壘字也。壘，校尉掌軍壘門，故曰軍門主簿也。積善降福，明神之報也。

### 耻服其章

《晋中興書》：趙王倫僭位，而以苟且之惠取悦人情，金銀冶鑄不給於印，故有白板之侯。君子耻服其章。

### 取印繫肘

《晉書》：王敦反，王導率群從詣闕請罪。值周顗將入，導呼顗謂曰：『伯仁，以百口累卿！』顗直入不顧，既見帝，言導忠誠，申救甚至，帝然其言。顗出，導猶在門，又呼顗，顗不與言，顧左右曰：『今年殺諸賊奴，取金印如斗大，繫肘後。』

### 望風投印

王隱《晉書》：劉毅，字仲雄，爲司隸校尉，奏太尉何曾、尚書劉寔父子及羊琇、張佗所犯狼藉，司部守令事相連及，望風投印者甚衆，貴戚斂手。衆以爲仲雄能繼諸葛豐，蓋寬饒。

### 印貴仍舊

《宋書》：孔琳之爲尚書左丞，建言曰：『璽印者，所以辨章官爵，立契符信，貴在仍舊，無取改作。今世惟尉一職獨用一印，至內外群臣，每遷悉改，終年刻鑄，喪功消寔，金銅銀炭之費，不可稱言，非所以因循舊貫、易簡之道。愚請衆官即用一印，無煩改作。若新置官，官多印少，又或零失，然後乃鑄，則仰裨天府，非唯小益。』

### 卧不解璽

《齊書》：謝胐爲宋侍中，領秘書監。及高帝受禪，胐當日在直，百僚陪位，侍中當解璽。胐佯不知，曰：『有何公事？』傳詔云：『解璽授齊王。』胐曰：『齊自應有侍中。』乃引枕卧。傳詔懼，乃使稱疾，欲取兼人。胐曰：『我無疾，何所稱。』遂朝服，步出東掖門，乃得車還宅。是日，遂以王儉爲侍中，解璽。即勸武帝誅胐，高帝曰：『殺之則成其名，正應容之度外。』

### 印詎可解

《齊·王融傳》：從叔儉，初有儀同之授，融贈詩及書。儉甚奇，憚之，笑語人曰：『穰侯印詎便可解？』

### 裹石誑印

《齊書》：巴西人趙續伯反，奉其鄉人李弘爲聖王。弘乘佛輿，以五綵

裹青石，誑百姓云：『天與玉印，當王蜀。』後敗。

**鑄印六毀**

《梁書》：王瑩拜將軍，印工鑄其印，六鑄而龜六毀。既成，鎮空不實，補而用之。居識六日暴卒。

**天雨玉璽**

《南史紀》：昇明三年四月二十四日，滎陽郡人尹千於嵩山東南隅見天雨石，墮地石開，有玉璽在其中，璽方三寸，文曰『戊丁之人與道俱，肅然入草應天符，埽平河洛清魏都』，又曰『皇帝運興』。千奉璽詣雍州刺史蕭赤斧，赤斧以獻。

**刻印驚失**

《世説》：後趙石勒不知書，使人讀《漢書》，聞酈食其勸立六國後，刻印將授之，大驚曰：『此法當失，云何遂有天下？』至留侯諫，乃曰：『賴有此耳！』



**得璽爲氏**

《後周書》：宇文氏其先曰普迴，因狩得玉璽三鈕，有文曰『皇帝璽』。普迴異之，以爲天授。其俗謂天曰宇，因號宇文國，并以爲氏。

**私璽霧塞**

《燕書》：元璽六年，蔣幹遣劉猗齎傳國璽，詣晋求救。猗負璽私行數里，忽黄霧四塞，迷途不得進取，乃還，易行璽，始得去。

**佩印沸騰**

《隋志》：文帝時，張胄元直太史。參議律曆，時輩多出其下。太史令劉暉等甚忌之，然言多不中。及太子新立，劉焯上《皇極曆》，駁正胄元之短，太子頗嘉之。焯爲太學博士，負其精博，志解胄元之印，官不稱意，稱疾而歸。

《舊唐書》：張胄元佩印而沸騰。

**宅成璽至**

《册府元龜》：太宗爲秦王，高祖有詩云：『聖德合皇天，五宿連珠見。』

和風拂世民，上下同歡宴。』帝于宮西造宅初成，高祖送玉璽以至於帝所，搢紳相謂曰：『詩及玉璽，蓋秦國之祥瑞者歟！』

## 奉璽來降

《唐書》：竇建德戮於長安市，齊善行乃與裴矩及建德妻奉山東地并傳國八璽來降。

## 印還進御

《妝樓記》：開元初，宫人被進御者，日印選以綢繆，記印於臂上，文曰『風月常新』。印畢，漬以桂紅膏，則水洗不退。

## 天帝授寶

《唐書》：肅宗元年建子月十六夜，女尼真如忽見二皂衣引至一所，見天帝，因出寶授真如曰：『汝往令刺史崔侁進達於天子。』肅宗寢疾方甚，視寶，召代宗謂曰：『汝自楚王爲皇太子，今上天賜寶，獲於楚州，天祚汝也。寶宜受之。』代宗再拜受賜，即以『寶應』紀年。

## 青衣授印

唐順宗元和五年，給事中張維則自新羅使回，泊海上洲島間。見花木茂盛，臺殿巍峨，有數公子命青衣捧龜印以授張，乃置之寶函，語張曰：『歸致皇帝。』張還舟中，回顧舊路，悉無影跡。金龜長五寸，上負金玉，印面方一寸八分，篆文曰『鳳芝龍木，受命無疆』。張達京師，具以事進。上曰：『朕前世豈非仙人乎！』

## 徒步挾印

唐裴諝，字士明，遷考功郎中。代宗幸陝，諝徒步挾考功、南曹二印赴行在，上曰：『疾風知勁草，果然。』

## 失印不問

《史》：唐敬宗寶曆中，裴度在中書，左右忽白失印，度飲酒自如。頃之，左右復白於故處得印，度亦不應。或問其故，度曰：『此必吏人盗之以印書券耳！急之，則投諸水火；緩之，復還故處。』人服其量。

**捍賊還印**

《舊唐書》：劉允章爲東都留守，黃巢至，分司李磎挈尚書八印走河陽。允章寄治河清。巢僭號，允章受僞官，遣人取印磎所，磎不與。允章更悔愧，移檄近鎮，起兵捍賊，磎乃持印還之。

**不敢當印**

《唐書・程異傳》：異以錢穀奮惡至宰相，自以非人望，久不敢當印秉筆。西北議置巡邊使，乃自請行。

**佩四將印**

王忠嗣爲河西、隴右節度使，權朔方、河東節度，佩四將印，控制百萬，近古未有。嘗上平戎八策。

**解印而逸**

《唐書》：西川黃頭軍使郭琪，爲田令孜激變，陳敬瑄命將攻之。琪夜奔廣都，獨廳吏一人從。琪曰：『陳公知吾無罪，然軍府驚擾，不可以莫之安。汝事吾始終，今以報汝。汝齎吾印劍詣陳公，曰：「郭琪走渡江，我以劍擊之，墜水，屍隨湍流下矣。得其印劍以獻。」陳必據言榜懸印劍於市以安衆。汝當獲厚賞，吾家亦保。』遂解印劍授之而逸。廳吏以獻敬瑄，果免琪家。

**倒印追兵**

司農卿段秀實，與將軍劉海濱，涇原將吏何明禮、岐靈岳，謀誅朱泚，迎乘輿。未發，泚遣韓旻將鋭兵三千，聲言迎駕，實襲奉天。秀實謂靈岳曰：『事急矣！』使靈岳詐爲姚令言符，令旻且還。竊其印未至，秀實倒用司農印印符追之。旻得符而還。後靈岳當罪死，秀實亦爲泚害。

**倒印定軍**

《鑑》：唐莊宗遣魏王繼岌及郭崇韜伐蜀，以李崧掌書記。繼岌破蜀，劉后遣人令繼岌殺崇韜，人情因之不安。崧曰：『遠軍五千里，不見咫尺之詔而殺大臣，是召亂也。』乃使書吏登樓去梯，夜以黃紙作詔書，倒用都統

印，明旦告諭諸軍，乃定。

**竊寶迎唐**

《五代史》：唐莊宗將入汴，梁主復召宰相謀之。鄭珏請自懷傳國璽詐降，以紓國難。梁主曰：『今日固不敢愛寶，但此策竟可了事否？』珏俯首久之，曰：『但恐不易了。』左右皆縮頸而笑。梁主日夜涕泣，不知所爲。置傳國寶於卧内，忽失之，已爲左右竊之迎唐軍矣。

**携寶自焚**

又，晋石敬瑭反，唐主從珂與曹太后、劉皇后、雍王重美及宋審虔等，携傳國寶登玄武樓自焚死。後契丹大舉入寇，遂滅晋。出帝與太后，遣宗室延煦、延寳齎降表及玉璽歸契丹。契丹得璽，以爲製作不工，與前史所傳者異，命延煦等還報，求真璽。出帝以狀答曰：『頃潞王從珂自焚於洛陽，玉璽不知所在，此寶先帝所爲，在位群臣備知。』乃已。

《文獻通考》：傳國璽至唐末帝，隨身焚焉。晋高祖受命，特製一坐。



開運末，北戎犯闕，少帝遣子延煦送於戎主。戎訝非真，少帝表述其事，戎主北歸，齎以入蕃，至周别刻。

**倒印激將**

《宋史·魏仁浦傳》：隱帝密詔李洪義，令郭崇害周祖。洪義恐事不濟，遣齎詔示周祖。周祖懼，召仁浦計。仁浦請易詔以盡誅將士爲名，激其怒心。周祖納其言，倒用留守印，易詔示諸將。衆怒，遂長驅渡河。

**覽印以問**

《宋鑑》：大中祥符中，上覽河南節度使知許州石普奏狀，用許州觀察使印，以問宰相王旦。對曰：『節度軍州有三印。兵仗則節度判官、掌書記、推官，署狀用節度印印之；田職則觀察判官，署狀用觀察印印之；符制屬縣則大使判署，用州印印之。』

**印違詔格**

《宋史》：寇準在樞密院，王旦在中書，有事送密院，印違詔格。準以上

聞，且被責，堂吏皆被罰。不踰月，密院有事送中書，亦違詔格。堂吏欣然呈旦，旦送還密院而已。準大慚謝。

### 齎印符夢

又，高防先仕漢爲浚儀令，免職。居數月，夢一吏以白帕裹印授。防寤而思曰：『白主刑，吾當爲刑官乎？』俄而周祖即位，起爲刑部員外郎。吏齎印至，一如夢中所睹。

### 失印論罪

宋郎官何洵直失本部印，上欲重其罪。呂正獻公曰：『洵直失印誠有罪，然重譴之，則自今猾吏皆得以制主司矣。』乃薄其罪。

### 生讞僞印

《趙抃傳》：趙清獻公爲武安軍節度推官，人有僞造印更赦而用者，吏皆以爲當死。公獨云：『造在赦前而用在赦後，赦前不用赦後不造，法皆不死。』讞而生之，一府皆服。

### 道中奪印

宋曹利用，天禧三年爲樞密使，後拜爲鄆國公。退朝歸私第，道中有狂人奪其印，以爲不祥。未幾，以婭訥所累而貶死。天下皆冤之。

### 先印後書

《彙苑詳注》：王懿恪留守西京日，長水縣申請買木錢數百千。王視狀，亟令追買木一行人，械送皆以屬吏。吏請其故，曰：『凡公文皆先書押而後印，故印在書上。今此狀乃先印後書，必有奸也。』鞫之，果重疊冒請，盜印爲之者。

### 夢遺六印

宋凌策舉進士，後知益州。初，策登第，夢人以六印加劍遺之。其後官劍外者凡六，人以爲異。策處事精審，所至有治迹。

### 易印避禍

《老學菴筆記》：元豐間，建尚書省於皇城之西，鑄三省印。米芾謂印

文背戾，不利輔臣，故自用印以來，凡爲相者悉投竄，善終者亦追加貶削，其免者蘇丞相頌一人而已。蔡京再領省事，遂别鑄公相之印。其後家安國又謂省居白虎位，故不利京，又因建明堂，遷尚書省於外以避之。然京亦竄死，二子坐誅，其家至今廢。不知爲善，而遷省易印以避禍，亦愚矣哉。

**卧起懷印**

朱弁副王倫使金。久之，金將議和，嘗遣一人受書還，欲弁與倫探策决去留。弁曰：『吾來固自分必死，豈應今日覬幸先歸？願正使受書歸報天子。』倫將歸，弁曰：『古之使者有節以爲信，今無節有印，印亦節也，願留之，使弁得抱死，死不腐矣。』倫解印綬授弁，弁受而懷之，卧起與俱。

**辨印忤旨**

《梅菴雜志》：盧熊嘗上疏，言州印篆文訛謬，忤旨得罪。熊少博學，工文詞，尤精篆籀。

**投印登第**

蜀人龍澄，嘗於瀼中探得玉印，有神曰：上帝授禹治水，水治後藏大川，可亟投元處。澄如其言，後登上第。

**衣帛印印**

張寶凡衣服綵帛，皆以所任官印印之，白黄物以黑，紅黑物以粉。常曰：『此印賢於掌庫奴遠矣。文字亦然。』

**斯須取印**

《宋史·曹彬傳》：彬始生，周歲，父母以百玩羅於席，觀其所取。彬左手持干戈，右手持俎豆，斯須取一印，他無所取。

**夢中吞印**

《建寧府志》：劉滋未貴時，嘗夢神携印一籃，大小百餘，令吞之。劉吞十四印，文纍纍見於腹間。後更中外十四任。

**于闐異寶**

《于闐國傳》：太平興國中，有澶州卒王貴，晝見使者急召偕行，驛馬

乘之而去。駐馬，使者引貴見其主者，容衛制度悉如王者，謂貴曰：『汝年五十八，當往于闐國北通聖山取一異寶以奉皇帝，宜深志之。』復乘馬而旋，軍中失貴已數日矣。知州宋煦劾貴，太宗釋之。天禧初，貴自陳年已五十八，願遵前戒往于闐。至秦州，道遠悔懼。俄于市中遇一道士，引貴登高原，問貴所欲。具以實對。即命貴閉目，少頃，道士曰：『此于闐國通聖山也。』復引觀一池，池中有仙童，出物授之，謂曰：『持此奉皇帝。』又令瞑目，頃復至秦州。道士已失所在。發其物，乃玉印也，文曰『國王趙萬年永寶』。州以獻。

## 入省秤印

《揮麈後録》：承平時宰相入省，先以秤秤印匣而後開。蔡元長秉政，一日秤匣頗輕，摇撼無聲。吏以白蔡，蔡曰：『今日不用印。』復携歸第。翼日入省，秤之如常。或以詢蔡，曰：『必省吏私用，倉卒不能入。急索則不可復得，徒張皇耳。』

## 官合印文

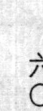

孫立，壽春人。少爲盜，敗露，竄伏淝河中。覺有物，持出，乃木匣。啟視之，銅印一顆，云『壽州兵馬鈐轄之印』。後三十年，以從軍勞充安豐軍鈐轄安豐，即昔日壽州。遂用此。

## 除官如印

《春渚紀聞》：青社土軍高閣，耕地得古銅印，文曰『宣州觀察使印』。謹藏之不以示人。後金人南侵，高統勤王之師，屢立戰功，遂除觀察使，如印章云。每有移文，即用此章。

## 朱記代印

《墨莊漫録》：河南縣尉司印，前後相傳，不敢開匣，開必有盜起，以木朱記代用行移。新舊官交易，但易匣封耳。

## 得印兆子

《續夷堅志》：臨淄農鄭氏，耕地得方寸銅印，鈕作九猿猴，細小如豆，

形狀俱備。鄭先未有子，自是産九男。

**印召風雨**

《安化縣志》：師巫甯均在飛霜崖見一鼠盤旋道上，忽入穴，其下得銅印，篆『扶鑾王印』。用署符咒，能呼召風雷。後損其柄，不驗。

**奪璽不與**

《鑑》：金胡沙虎弑金主永濟，令黄門入宫收璽。尚宫左夫人鄭氏掌寶璽，拒之曰：『璽，天子所用，胡沙虎人臣，取將何爲？』黄門曰：『主上且不保，況璽乎！』鄭氏罵曰：『若輩近侍，君難不以死報，反爲奪璽耶！我死何必，璽必不與。』遂瞑目不語。黄門退，竟取宣命之寶授逆党官職焉。

**磨璽改物**

《輟耕録》：後至元間，太史伯顔出太府監所藏歷代玉璽，磨去篆文，改造押字、圖書及鷹墜等物，以分散其黨與，蓋先以奏請故也。獨武后一璽，玉色瑩白，制作如官印，璞僅半寸許，因不可他用，遂付藝文監收之，竟獲永存，豈武氏之智能料之乎？

**上璽雲祥**

《編年雜記》：元天曆元年冬，篤憐帖木兒等奏：十月二十三日上都送寶時，興聖殿御宴，其間五色祥雲捧日當殿，官院判鄭立、經歷張、都事柯九思等，與衆於殿前仰觀，郁郁紛紛，非霧非烟，委係卿雲祥瑞，與省家文書標寫入史。柯九思《宫詞》云：『親王上璽宴西宫，聖祚中興慶會同。爭捲珠簾齊仰望，瑞雲捧日御天中。』

**女諫買印**

《輟耕録》：淮海龔翠巖寓吴門，與僧權道衡遊。僧於市粥漢印一枚，酬價取鏹。翠巖知而用十五緡買之，語諸女。女曰：『大人乃亦奪人所好耶！』巖悟，即持送。權亦固辭，沉諸淵而别。吁，若翠巖者，可謂善矣。孰謂異端中有此哉！然翠巖之女，尤可敬也。

## 塊土銅章

《春渚紀聞》：王淵，洛陽人，鎖試赴省，過黃河灘。因憩所乘籃輿渡口，輿脚小兀，拾塊土支輿。土破，得一銅章，乃其姓名也。

## 印鎮疫祟

文信國名印，鐵鑄，俟官農夫田中耕出，歸一老儒。凡人家有疫祟或瘧者，持此鎮之，輒愈，得厚償。途遠難往，印一紙傳粘於户，或瘧者額，亦愈。

## 印綬飛起

《鶴岑隨筆》：雍丘劉文烈理順傳臚時，同鄉蘭陽梁康僖雲搆以御史侍班，印綬忽開花飛起，良久乃落。

## 印綬怒張

《二申野録》：甲申，上餞李建泰于正陽門。建泰頓首拜謝，印綬花怒張如斗。是日大風揚沙，識者以爲不祥。